本书获得
沈阳农业大学经济管理学院学术文库出版基金资助

作物保险定价及政策优化研究

Research on Crop Insurance Pricing and Policy Optimizing

谢凤杰 著

图书在版编目（CIP）数据

作物保险定价及政策优化研究/谢凤杰著．—北京：经济管理出版社，2018. 6
ISBN 978 - 7 - 5096 - 5834 - 5

Ⅰ. ①作… Ⅱ. ①谢… Ⅲ. ①农业保险—研究—中国 Ⅳ. ①F842. 66

中国版本图书馆 CIP 数据核字（2018）第 118563 号

组稿编辑：曹　靖
责任编辑：任爱清
责任印制：黄章平
责任校对：赵天宇

出版发行：经济管理出版社
（北京市海淀区北蜂窝 8 号中雅大厦 A 座 11 层　100038）
网　　址：www. E - mp. com. cn
电　　话：（010）51915602
印　　刷：北京玺诚印务有限公司
经　　销：新华书店
开　　本：720mm × 1000mm/16
印　　张：10.75
字　　数：180 千字
版　　次：2018 年 11 月第 1 版　2018 年 11 月第 1 次印刷
书　　号：ISBN 978 - 7 - 5096 - 5834 - 5
定　　价：68. 00 元

前　言

我国是农业大国，我国的农业是大国农业。在农业生产过程中面临着自然风险及市场风险。21世纪以来，尤其是十八大以来，我国的农业保险有了长足的发展。农业保险覆盖的作物品种、保险覆盖面、国家财政补贴等方面均有了明显的增加及增长。但是需要看到，作物保险险种与快速转型期的农业并不相适应，保险险种难以适合新型农业经营主体的需求，保障额度往往满足不了各类农户的需要，农业保险政策与WTO农业协定间也存在着矛盾。新时期我国的农业保险发展，需要在上述问题上不断完善，以保障我国农业的基础地位，保障我国的粮食安全，维护我国大国农业的稳定运行。基于此，本研究主要在高保障水平农业保险定价、农业收入保险定价以及农业保险政策优化上进行了专门研究，并对我国农业保险提出针对性的意见和建议。

（1）构建基于非参数核密度方法的作物产量保险定价模型，克服了现有研究中假设作物单产波动服从正态分布而忽视其尖峰、厚尾、有偏性导致的问题，并结合安徽、北京、福建等19个省以及辽宁省大连市历年的单产数据进行了实证研究。

（2）将VaR（风险价值）的概念引入到粮食市场价格风险的研究中来，结合ARCH类模型对其粮食市场价格的波动性进行了定量的测量，从整体上掌握了粮食价格的市场风险。

（3）基于连续月度价格数据构建作物收入保险定价模型。以Copula函数为基础，建立作物单产风险与价格风险的联合概率密度函数；运用Monte Carlo模型实现了没有显性解情况下保险费率的计算。对作物收入保险进行定价之后，以安徽省阜阳市的具体数据为例对保险公司开办政策性作物收入保险需要收取的纯保险保费的构成比例进行了具体计算。

（4）基于主力合约价格数据构建作物收入保险定价模型。以单产时间序列数据及期货合约的主力合约收获期价格相对于种植期价格波动情况为基础，利用 Copula 方法建立单产及价格风险联合概率密度，并以此为基础测算收入保险费率。以大连及所辖四区县大豆为例进行实证研究，测算基于大豆期货市场价格的预期收益及单位面积保费。

（5）在 WTO 框架下，分析了农业价格保险政策的箱体归属。将价格保险政策与 WTO 农业协定绿箱政策相关规定进行比较，将价格保险归入 WTO 黄箱政策范畴，并提出将价格保险向收入保险改进的建议。

（6）2014 年美国新农业法案颁布后，分析美国农业保险政策改进的方向，并对我国的农业保险政策提出改进意见。

实证研究的结果表明，本书构建的定价模型较原有的作物产量保险定价模型在准确刻画单产波动方面具有一定的优势，相应的研究成果可为保险公司作物保险的管理提供新的思路，有助于解决当前农户参保积极性以及参保率不高、作物保险产品比较单一等问题，从而有助于促进我国农业保险行业的健康、快速发展。

在农业保险政策方面，主要提出以下政策建议：进一步提高农业保险的保障面及保障力度；将价格保险向收入保险转变以适应 WTO 绿箱政策的要求；建议以农户需求为导向建立农业保险体系；构建农业保险政策与其他农业支持政策联动的农业保险体系以及构建多层次的农业巨灾分散体系。

目　　录

第一章　绪论

第一节　研究背景

一、农业灾害频发催生对农业保险的需求

我国作为一个农业大国，农业是安天下、稳民心的基础产业，在我国受到了越来越高的重视。从21世纪以来，国务院连续颁布了15个指导“三农”工作的一号文件，2018年出台的《中共中央国务院关于实施乡村振兴战略的意见》中明确提出，走中国特色社会主义乡村振兴道路，让农业成为有奔头的产业，让农民成为有吸引力的职业，让农村成为安居乐业的美丽家园。2017年，历经三年的第三次全国农业普查完成，普查报告中指出，十年来，特别是十八大以来，农业的基础地位更加巩固。

我国是一个自然灾害频发的国家。在国民经济各个产业中农业因投入大、周期长被公认为是抵御自然灾害能力极差的“弱质产业”。而根据联合国开发计划署的标准，我国农业是世界上灾害频发、受灾面广、灾害损失严重的国家之一[1]。全国性以及局部性的农业灾害，如2010年全国大范围的特大干旱、2009年南方的低温冻害等灾害，对于我国的农业生产、农民生活及农村发展均带来巨大影响。

图1－1是1978年以来全国范围内的受灾面积以及成灾面积占总播种面积的

比重，可以看出，因各种自然灾害引发的受灾面积占全国总播种面积的比重一直在30%上下浮动；成灾面积占总播种面积的比重大约在15%，为受灾面积的一半。再对引起灾害的具体原因进行细分，可以发现，水旱灾害引起的受灾及成灾面积占总受灾及成灾面积的80%左右，其中，旱灾引起的受灾面积及成灾面积占总受灾面积及成灾面积的40%～60%。

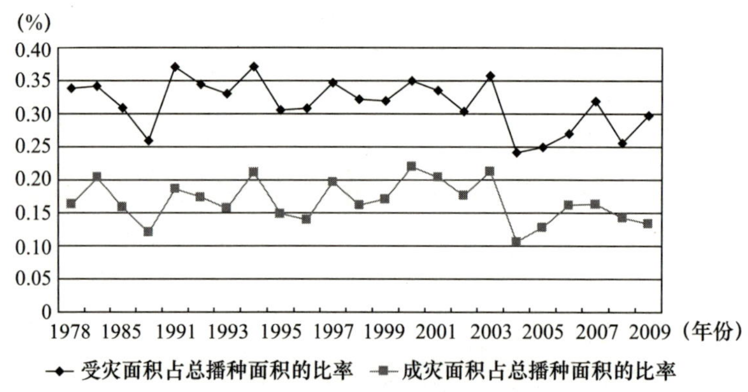

图1－1　我国1978～2009年受灾与成灾情况

资料来源：《中国统计年鉴2010》。

频发的自然灾害每年给我国广大人民群众带来巨大的损失。2017年我国各类自然灾害共引起农作物受灾面积达18478.1千公顷，其中，绝收1826.7千公顷，直接经济损失3018.7亿元①。当自然灾害来临时，农民是最直接的受害者，其受灾害的影响也是最严重的。当农民受灾时，除了自己分担风险之外，还有政府救济以及农业保险两种主要的风险分担方式可以选择。因此，健全和完善农业保险制度，提高农业保险的覆盖范围和保障力度，可以极大地帮助农户解决农业风险带来的问题。

二、我国特有国情需要农业保险的发展

2015年起我国开始实施农产品价格改革，并开始逐步取消最低价格保护制

① http：//www.jianzai.gov.cn/DRpublish/ywcp/0000000000027782.html.

度。此时农业保险作为重要的农业支持工具被推上了前台，开始逐步担起最低保护价所起到的价格保护功能。为此，东北三省大豆、新疆棉花开始实施价格保险政策，黑龙江庆阳农场及江苏徐州某些小块地域开始试点实施收入保险。同时，由于新型农业经营主体的不断兴起，以物化成本为保障水平的保险产品不能满足越来越多的规模农户的需求，所以有必要开展高保障水平的农业保险产品开发。2018 年的“一号文件”中提出：加快建立新型农业支持保护政策体系。……探索开展稻谷、小麦、玉米三大粮食作物完全成本保险和收入保险试点，加快建立多层次农业保险体系。这为政策性农业保险试点指明了方向，是政策性农业保险发展的重要突破。之后，农业保险进入快速发展时期。《中华人民共和国国民经济和社会发展第十三个五年规划纲要》中明确提出：深化农村金融改革，完善农业保险制度……加快建立巨灾保险制度。

我国农业保险现存的问题主要包括以下几个方面：

（1）区域性农业保险更适应小规模农户需求。现阶段我国仍存在大批小规模农户，如果这些农户以个体为单位参加农业保险，那么对于保险公司一方来说，其勘察、理赔工作比较烦琐，交易费用较大。从农户的角度来看，一方面，由于农户与农户间以及不同的耕地间有不同的特征，不同的农户可能由于风险取向的不同而选择不同保障水平的保险进行投保；另一方面，耕地由于其所在地农业气候本身的特征，也会出现不尽相同的风险特征。这些规模较小的大量的农户，很少存在精确统计的历史单产数据，所以如果农户以个体为单位进行投保，所存在的问题一是保险定价由于历史数据不足可能存在的问题，二是若允许小农户自愿投保可能会引起高风险的人更多地投保而低风险的人则不参与保险的现象。

以一个区域（一般为一个县）为单位作为作物保险的实施范围，在这一区域内利用历史统计数据来进行保险定价，则可以减少单个农户参加农业保险可能带来的道德风险，同时保险公司以整个地区的产量或者收入计算赔付临界点，如果实际产量或者收入低于临界点，则对所有的参保农户均进行赔付，这种行为方式，操作比较简便，效率较高，适合我国农户规模较小的国情。

（2）农业保险改革方向不符合 WTO 绿箱政策要求。到 2018 年我国农业保险险种已经有了较大的改进，过去几年中在全国不少地方针对农产品价格改革的试点中，农业保险作为一种重要的支农工具被委以重用，开始涵盖农产品价格风险的保险产品试点。以价格保险为例，在东北三省以大豆为保险对象、新疆以棉花为保险对象展开的价格保险试点可以较好地稳定农户收入，较好地执行国家保护农业的政策初衷。

然而价格保险是否属于 WTO 绿箱规定的绿箱政策呢？对于我国已经顶到“天花板”的黄箱政策支持总量是否有影响？如果属于黄箱政策，下一步应当如何改进是值得我们研究的问题。

（3）托市及临储政策废除后需要新的价格风险分散工具。当前国内实施的政策性种植业保险的险种主要包括产量保险、价格保险试点，以及极少数的收入保险试点。大多数农户可以购买的农业保险仅为产量保险。在农产品托市收购政策、临储政策失效以后，如何对我国的农业收入进行价格保险是农业保险必须面对的问题。而当前的主流险种明显不能应对农产品价格风险。

（4）保险水平低且单一。近几年，一个主要问题是我国农产品保险水平已经有苗头要打破原先保险水平一刀切的问题，尤其是新型农业经营主体大力发展以来，农户对高保障水平的农险需求越来越强。但是，农业保险产品供给方面，主流的农险产品仍以物化成本为主要保障对象，这并不能满足新型农业经营主体的保险需求。

另一个主要问题是关于农业保险的保障水平存在的问题，小农户参保的意愿与规模农户参保的意愿不同，其需求的保障水平也存在差异。要解决不同规模农户的农业保险参保差异问题，必须开展差异化保障水平建设。

2018 年的一号文件中明确提出，要探索开展稻谷、小麦、玉米三大粮食作为完全成本保险和收入保险试点，加快建立多层次农业保险体系。这为农业保险下一步发展指明了方向。根据《中共中央关于制定国民经济和社会发展第十三个五年规划》的建议，深化农村金融改革，完善农业保险制度已经成为我国十三五期间的战略任务之一。因此对农业保险产品定价、政策改进等方面进行更深入、更广泛的研究，对于我国政策性农业保险的健全、完善及发展具有重要的现实意义。

第二节　研究意义及研究目的

一、研究意义

1. 理论意义

本书目前研究存在对区域农作物产量保险定价方法的不足进行了改进；在考虑作物单产及农产品价格相互关系的基础上，提出了基于 Copula 方法的收入保险定价模型，为我国农业保险的发展提供了理论及技术支持。

2. 现实意义

本书选择农业保险作为研究对象，目的是探索在目前的条件下，政策性农业保险需要如何开发、实施才能更好地适应农村经济发展的需要，才能更好地满足投保农户以及有相关农业保险业务的需要。研究结果虽然在当前政策性农业保险业已经取得了一定进展，但仍需要在国家以及政府财政扶持的情况下，面对当前政策性农业保险存在的诸多问题，如何开发新的保险产品，以便更好地吸引投保者的投保兴趣，从而达到更好地分散风险的目的。

价格风险以及单产变动是作物种植户所面临的主要风险，它不但对生产者、消费者的福利产生直接影响，而且影响到国家的粮食安全直至影响国民经济的平稳安全发展。有关研究表明，农民对于农产品价格的波动性比对单产的波动性更为关注，这种关注性主要表现在其生产决策上[4]，再考虑到实际参与到农业生产中的农户多根据农产品价格或者单位面积作物的收益而改变种植结构，开发综合反应农产品价格及单产波动的作物收入保险产品具有积极的现实意义。因此，详细分析粮食单产及农产品价格的波动性及其特征，并在市县级区域上利用改进的区域产量保险定价方法及 Copula 方法测定保险费率，有助于丰富现有的政策性农业保险品种，满足广大农户不同保险水平的保险需求，各地区保险机构根据各自的情况开发出相关的产品，为农户的产量以及收入风险提供保障，有助于提高农户的参保率，促进政策性农业保险的发展，保障国家的粮食安全。

二、研究目的

本书的研究旨在利用我国农业发展以及农业保险发展过程中的统计数据以及其他相关的经济数据，运用计量经济学、统计学等研究工具，探寻农产品价格、单位面积产量等因素在农户做出生产决策的过程中所起的作用，并对农产品价格、单产的波动进行统计性研究，在此基础上采用改进的区域产量保险定价方法以及收入保险定价方法对相关农业保险产品进行定价研究。为我国政策性农业保险的发展，尤其是承保作物单产波动风险的区域产量保险项目，同时，为承保作物单产波动风险与农产品价格风险的作物收入保险提供相应的理论以及技术方面的支持。针对当前农业保险改革中重要的价格保险产品，对其在 WTO 规则中的箱体进行归箱分析，为政策性农业保险改革方向起到指引作用。

根据上述研究目的，本书的研究主要回答以下关键问题。

1. 当前的产量保险定价模型可以做哪方面的改进

当前的政策性农业保险本着“低保费，保成本，广覆盖”的基本原则，以作物生产过程中的物化成本为基础计算出最高保额，现有的这种政策性保险的保险形式、险种及保障水平都比较单一，不能有效地满足农户多样化的投保需求。在现有的与产量保险相关的研究中，多假设作物单产服从正态分布，忽视了作物单产风险的尖峰、厚尾及有偏性，同时也忽视了由于农业风险系统性的存在导致的相邻地区作物单产间可能存在的相关关系。因此，本书拟通过对作物单产分布测定方法来改进构建作物单产保险定价模型。

2. 如何为农业单产及价格波动提供风险保障

由于农户对收入的稳定性有一定的期望，商业化的保险公司有实现利润最大化的目标，当来自外界的因素引起农户的收入发生变动时，作为农业保险机构在国家政策性农业保险政策的支持下，应开发出更多为广大农户所接受的保险产品。本书根据农户在生产过程中依据农产品价格的变动对种植结构进行调整的实践经验，针对农业保险发展比较成熟的美国作物收入保险受到多数农户青睐的情况，以单位面积土地可实现的收入作为保险标的展开作物收入保险精算研究，拟对作物的单产及农产品价格两个因素的波动同时提供风险保障。

3. 价格保险政策是托市收购的最优替代政策吗

当政府决定逐步取消对粮食的托市收购政策以后，价格保险政策是首先被选定的中国特色的价格风险分散工具。价格保险确实可以分散农产品的价格风险，但是在 WTO 规则下，价格保险属于绿箱政策吗？是托市收购政策、临储政策的最优替代政策吗？如果不是，应当如何对价格保险政策进行改进替换？

第三节 研究内容与本书逻辑结构

根据前文提出的三个拟解决的关键问题构建如下逻辑结构。全书共分为九章，主要内容和章节安排如下：

第一章介绍文章的选题背景、研究目的以及研究意义，说明文章拟解决的关键问题，并以此设定文章的主要研究内容，选择相应的研究方法，制定研究的技术路线。

第二章是对与本书相关的理论以及已有研究文献进行梳理和评述，主要包括国内外保险产品开发与实施现状、国内外作物产量保险定价研究进展、国内外作物收入保险、农业价格支持政策研究综述等。

第三章为基于非参数核密度方法的作物区域产量保险定价研究。在现有作物产量保险定价模型的基础上，对现有产量风险分布的测定方法进行改进。在当前有关产量保险定价的研究中，多假设作物单产服从正态分布，并以此为基础进行作物保险定价。通过对相关文献的梳理以及对相关省市作物单产风险分布的实际分析，发现多数的作物单产风险存在着明显的单峰、厚尾以及有偏性，明显不服从正态分布。本书以非参数核密度方法为基础计算了全国 19 个典型省以单产为保险标的的区域单产保险费率以及大连市的单产保险费率。将不同地域的作物单产保险费率进行比较，最终提出相关的政策建议。

第四章为粮食市场价格风险分析。采用计量经济学中时间序列相关分析方法测定农产品价格波动的特征及其程度并进行分析，将 VaR 的概念引入农产品价格波动测定的过程中，可以明确看出农产品价格确实存在较大幅度下降的可能性，有必要对其提供风险保障。

第五章为构建基于月度连续价格数据的收入保险定价模型。在对收入保险产品进行定义并指出其优越性的基础上，考虑到农产品价格与农业单产的相互关系，提出基于 Copula 方法的作物收入保险定价模型，并采用可获取的价格与单产的统计数据进行实证研究，测算收入保险的保费，通过将此费率与现在的作物单产保险费率进行比较提出相关政策建议；第六章的最后结合安徽省阜阳市的具体数据，计算出如果相关保险部门推行政策性作物收入保险产品，在对参与率以及补贴水平做出一定假设的情况下，计算各级政府以及农户应付的保费总数，以及参照不同保障水平的农户亩均应当缴纳的保费数。

第六章为构建基于期货主力合约价格数据的收入保险定价模型。根据我国期货市场的特性，农产品期货合约存在着 1 月、5 月、9 月主力合约的现象，因此，用主力合约月度价格数据进行价格风险分析比用连续月度数据价格风险分析更能精确刻画价格风险。21 世纪以来，国家实施了多项针对粮食价格的保护政策，如最低价收购、粮食直补等，这些政策导致粮食价格所能体现的市场风险信息有限。因此，书中选择大豆这一重要农产品，其市场流动性、价格波动性、大豆期货市场成熟性均优于主要粮食作物。

第七章为 WTO 框架下粮食价格保险政策归属及其优化。主要分析在国内黄箱政策微量允许总量已经触及天花板的情况下，价格保险政策是否符合 WTO 绿箱政策的要求。在为其定性确属黄箱政策后，提出如何改进价格保险政策，使其不但能满足保障农户收入的目的，同时符合 WTO 绿箱政策要求——向收入保险政策改进。

第八章为 2014 年美国新农业法案中农业保险政策改革及对我国的启示。对美国最新农业保险的政策改革进行梳理，分析其改进的方向，对比我国的农业保险政策实施现状，有针对性地提出我国政策性农业保险改革的政策建议。

第九章为总结全书的主要研究结论，对未来研究可能的着手点进行展望。

第四节 研究方法与技术路线

本书遵循从理论到实践的研究思路，对多个农业保险品种的保险费率进行厘定。首先，对农业保险理论基础以及其他相关领域的研究进行了梳理和评述；其次，在此基础上以国家统计局、国研网以及期货交易所等公布的公开数据为基础，利用计量经济学以及统计学、非寿险精算等相关理论，提出了非参数核密度区域产量保险定价模型以及基于 Copula 函数的农产品价格与作物单产联合保险定价模型，并结合已有的统计数据进行实证研究。

一、研究方法

本书采用理论分析与实证研究相结合的方法，既是对相关理论指导实践的具体实施，又可以得到指导具体实践的指导工具。

1. 文献分析法

为了充分借鉴以往研究的经验、成果，本书首先通过国内外相关文献的大量检索，对以往的研究成果进行了细致的归纳总结与比较分析，找出文章的着眼点对现有的作物保险产品定价模型进行改进，并构建新的作物收入保险定价模型，以丰富现有的作物保险险种。

2. 实证分析法

实证分析法可以指明研究的事物“是什么”以及具有什么样的特征的问题，并且说明事物在不同条件下会发生什么样的变化，产生什么样的结果。具体有三个方面：

（1）产量保险定价模型改进及实证分析。现行的政策性农业保险属于区域性产量保险，在国内已有的研究文献中，对于区域产量保险费率厘定多是采用参数法测定单产的分布，多假设作物单产服从正态分布，以此为基础采用数值积分的方法测定最终的保险费率。由于作物实际单产向下波动与向上波动的可能性并不相同，所以，以标准的正态分布作为作物单产保险费率厘定的基础存在偏颇，因此本书不假设作物单产具体服从某种分布，而是对于作物单产的尖峰、厚尾及有偏性给以充分的考虑，采用非参数核密度方法改进现有的作物区域产量保险定价模型。

（2）基于 ARCH 类方法的农产品价格风险及其 VaR 测算。在现在的研究中，很多研究都表示农产品价格存在着价格风险，而且这种价格风险对于农业生产者以及农产品加工企业的影响都很大。为了对农民的收入提供保障，在对单产提供风险保障的同时，能否也将价格风险涵盖其中呢？例如，就像人寿保险计算保费的时候，需要制定一张生命表一样，在收入保险保费的测定前，也应该测定价格在一定水平下的下降幅度。本书基于 ARCH 类方法测定的玉米及小麦月度市场价格的风险，并以此为基础测定其 VaR 值。计算出价格向下波动的风险到底达到什么程度，这为下一步测算收入保险定价做好前提准备。

（3）基于 Copula 方法的收入保险定价。历年的单产及农产品价格间可能存在着相关关系，本书利用 Copula 函数不假设单产及单产价格的具体概率分布，而是用一个 Copula 函数代替，建立了相邻近区域多产量联合保险定价模型以及收入保险定价模型并进行了研究，并以具体数据进行实证分析。

3. 比较分析法

本书采用不同的统计数据利用不同的方法对作物保险定价模型进行实证研究，为了更有说服性，本书在分析相关数据及厘定出来的费率结果时，对于采用不同方法测算出来的农业保险费率与现行政策性农业保险的费率进行了比较分析，以进一步阐述研究对象的特征，找出不同方法测算出来的保险费率的差异与相似之处，探寻可能引起差异的原因，并提出相关建议。

二、技术路线

本书技术路线流程如图 1 –2 所示。

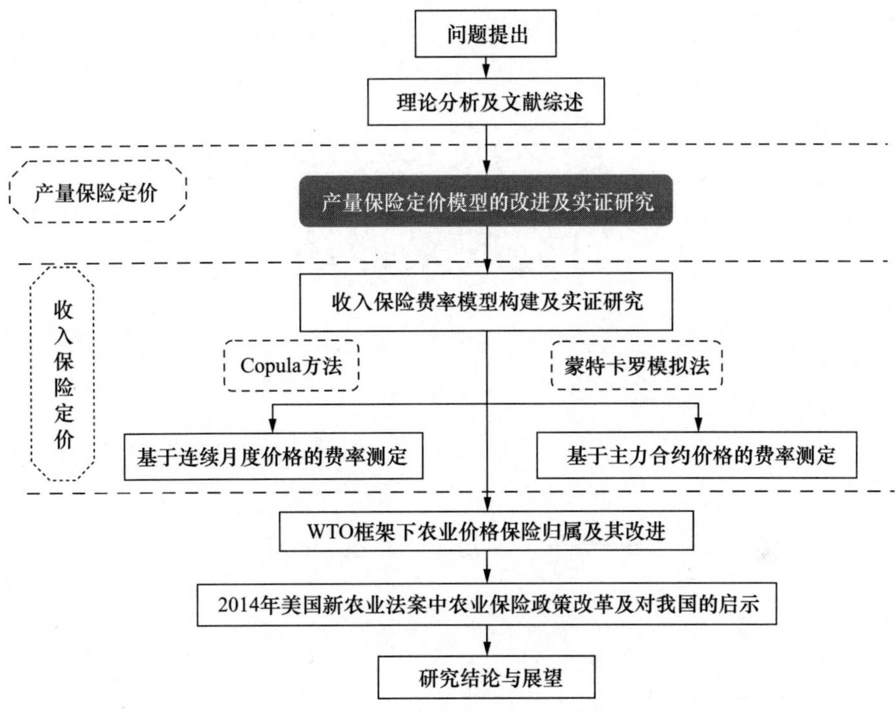

图1-2 本书技术路线流程

第二章　相关概念界定及国内外研究成果评述

第一节　相关概念界定

人们通常用风险（Risk）来描述结果发生的不确定性（Uncertainty）情况。在保险市场中，风险一词具有其特定的含义。可以将风险定义为，在一定条件下和特定期间内，某一事件的实际结果与预期结果的差异①，实际结果往往是不确定的，可以用一个随机变量 X 表示，则预期结果就是它的数学期望 E(X)，而风险就是它们之间的差异，即［X－E(X)］，它也是一个随机变量。正是这种尚未发生结果的不确定性，才导致了风险的存在。

由于存在可能发生的保险事故，因此保险产生了。保险是保险人与被保险人以契约形式确立的经济关系；保险人通过收取被保险人支付的保费建立起保险基金，当保险标的在保险合同规定的范围内遭受损失时，对其进行经济补偿，通过这种方式将风险从被保险人转移到保险人，由保险池中的所有参保人来分担少数人实际遭受的损失②。

农业风险的来源有许多，如自然地理环境、气候以及农业投入产出品市场价

---

① http：//zh. wikipedia. org/wiki/%E9%A3%8E%E9%99%A9.

② http：//baike. baidu. com/view/16482. htm.

格的外在不确定性等，归结起来可以分为生产风险（即由于气候风险、技术风险等造成作物产量的波动）和市场风险（即由于市场的不可预测性造成的农业投入、产出价格的波动）。农业风险可能引起农业生产者的收入波动。现有的研究表明，在农业生产过程中发生的风险因素对农民的生产及其资源配置均有显著的影响。

农业保险是商业保险在农业生产领域的一种尝试，指被保险人在农业生产经营过程中，因遭受自然灾害或意外事故致使具有生命的动植物发生死亡或损毁的经济损失，由保险人给予补偿的一种保险。农业保险按种类分为种植业保险、养殖业保险和林木保险；按危险性质分为自然灾害损失保险、疾病死亡保险、意外事故损失保险；按保险责任范围分为基本责任险、综合责任险和一切险。作为一种有效分散农业风险及损失的机制，农业保险是农业保障体系中的一个重要组成部分，是对农民进行转移支付的重要渠道[5]。目前，已有许多发达国家以及发展中国家建立了多种不同的农业保险制度来减少农业生产面临的不确定性。Ray[6]将农业保险区分为作物保险（Crop Insurance）、家畜保险（Livistock Insurance）、农场财产保险（Farm Property Insurance）及个人责任保险（Personal and Liability Insurance）四大类别。作物保险（Crop Insurance）主要通过在农户与保险公司之间分散风险来避免农民遭受较大的损失，本书以作物保险为研究对象，是传统农业保险的一种，通过研究作物保险定价模型结合现实中可得的统计数据，对作物保险进行定价研究，最终得出作物保险的费率。特此指出，本书中计算出来的保险费率均为纯保险费率。

接受政府财政补贴和享受税收优惠的农业保险为政策性农业保险，我国现行的农业保险就是一种政策性农业保险。其中，接受中央政府财政补贴和享受税收优惠的农业保险为中央政策性农业保险，接受地方政府补贴和享受税收优惠的农业保险为地方政策性农业保险。

第二节　农业保险的理论基础

本书从保险精算的角度研究作物保险，其理论依据是保险精算理论、新古典经济学的福利经济学理论、农业的弱质性理论、农业保险的准公共产品理论等。每种理论体现的内容都博大精深，限于篇幅，仅选择与本书主题相关的理论内容。

一、非寿险精算理论

保险市场中面临着许多风险和不确定性，保险精算通过对未来不确定事件的分析，依据数学、金融学等理论，借助计算机对不确定事件对象进行数量分析及预测，研究这些不确定事件可能造成的影响，是专门处理未来不确定性的一门科学。现今的保险公司以大数定律为基础，在收取适当保费的基础上，将所保险经济个体或者个人的风险集中到保险公司，对保险池中的保险个体所面临的风险进行有效的分散，维护了社会生产和社会经济的平稳运行。风险及不确定性是不可避免的，但是在大范围内，风险的发生有一定的规律性，这就为保险精算研究提供了一定的基础。投保人付出一定数量的保费给承保人，将大量的不确定损失转移到承保人身上。保险通过确定的保险费用来保障不确定的风险损失，通过分散风险、补偿经济损失来增加效用。

保险精算学以数学和统计学为基础，对保险经营中的某些问题进行定量化分析，为保险公司的经营决策提供依据和方法。保险精算学通过对未来不确定性事件的分析，研究不确定性对未来可能造成的财务影响。精算学最早源于寿险费率的计算，目前的精算学已不仅限于寿险，非寿险精算也已经有了非常深入的研究。非寿险一般是指人身意外伤害保险、财产险、医疗保险以及责任险等，本书是研究农业保险的一种作物保险，是财产险的一种，属于非寿险的范畴。非寿险所涵盖的风险种类繁多，影响风险发生的因素也多，索赔方式复杂。

非寿险精算主要以非寿险中的不确定性为研究对象，通过建立随机模型对险种的损失进行刻画，研究未来可能发生损失的规律，在此基础上以保费收取与赔付平衡为基本依据外加一定比例的相关费用来厘定保险费率，并提取保险准备金。相对于寿险而言，非寿险业务具有业务分散、周期短、赔付条件以及损失发生形式和金融多变、承保利润占相当比重等特征，非寿险精算理论主要依赖于统计学及其他学科理论的发展。与寿险精算模型不同的是，在非寿险精算中，时间要素的重要性并不如寿险精算中那么重要，非寿险精算的核心研究内容是对于风险进行测度以及对损失发生的频率和严重程度进行研究，利用统计学相关模型来解决现实中的问题[7]。基于非寿险本身的特点，非寿险精算一般对一类问题有一类问题的解决办法，甚至同一类问题随着环境及时间的变化解决办法可能也不尽相同。

风险理论是决策者对风险进行定量分析和预测的一般理论。费率厘定，则是保险精算的核心问题。考虑到作物生产风险在空间以及时间上的特性，作物保险产品的设计中存在其自身的特殊性。大多数农业灾害（如水灾、旱灾）中，一个风险单位有时包括数县以致几省，要在空间上分散风险，必须在较大地域甚至全国建立保险制度；同时，由于农业风险的周期性，要求农业保险风险能在一个较长的时期内进行分散，同时完整记录和积累风险损失的资料，为科学正确厘定费率创造条件。

二、福利经济学相关理论

现有的文献对于农业保险的准公共品属性阐述得比较多，如周建波[8]（2010）、张跃华[9]（2007）及李军[10]（1996）等。农业保险介于私人物品与公共物品之间，具有公共和私人双重属性。一方面，从形式上来看，农业保险具有私人物品属性。作为农户分散风险的制度选择，农业保险是农户日常生活中消费的一种商品，保险人与被保险人根据保险合同承担各自的权利与义务。之所以说农业保险具有私人物品性质是说农户缴纳保险费之后，一旦受灾就可以得到农业保险的补偿。因此，从农业保险消费的直接形式上来看，其具有私人物品的特性——排他性。另一个方面，农业保险的效果并非只惠及农户本身，还兼有公共品的属性。农业保险本身具有很强的正外部性，其社会效益要高于交易双方通过农业保险而直接获得的经济利益。农业保险可以降低农业生产风险，有利于投保人扩大生产规模，革新生产技术。而其他社会成员虽然未支付任何费用，却坐享农业发展、农产品价格低廉以及国民经济稳定的益处。从这个意义上来讲，农业保险具有非排他性，可以把农业保险看作公共品。有些保险产品不仅负责赔偿损失，同时也协助进行防灾减损工作，力图将风险成本降至最低，在这一环节中就会存在“搭便车”行为。如保险公司发现有可能导致降雹乌云时，可能会对承保区域采用高炮轰击，这对于该地区没有投保的农民来说无疑享受了额外的收益。正是由于外部性的存在，农业保险的供给及需求双方都会受到影响，使市场无法自行达到最有效率的均衡结果。如果政府不干预，最终的结果可能是农业保险业务萎缩，甚至是商业保险公司退出农业保险市场。

三、风险效用理论

1947 年，冯·诺依曼和摩根斯坦[11]采用效用模型来描述决策者如何在不确定性环境中做出选择。假设一个风险厌恶型被保险人拥有财富 ω_1，用 u(·) 表示其效用函数，X 表示潜在损失，P 表示所投保险的保费，E[·] 表示数学期望。如果存在：

$$E[u(\omega_1 - X)] \leqslant u(\omega_1 - P) \tag{2-1}$$

那么通过缴纳保费参加保险，被保险人的效用得到了提高。根据经济学原理，效用函数 u(·) 是一个非减的连续函数，上述公式（2-1）需要在约束 $P \leqslant P^+$ 下成立，其中，P^+ 表示被保险人的最大支付意愿。

从保险人的角度来看，如果 ω_2 表示其拥有的财富，用 U(·) 表示其效用函数，X 表示被保险人通过参加保险转移给保险人的潜在损失，P 表示保险人收得的保费，且保险人为风险中性的个体，那么如果存在：

$$E[U(\omega_2 + P - X)] \geqslant U(\omega_2) \tag{2-2}$$

且 $P \geqslant P^-$，其中，P^- 为保险公司所必须的最低保险费用，那么保险人将以价格 P 对被保险人的潜在损失 X 进行承保。也就是说，如果 $P^+ \geqslant P^-$ 存在，那么被保险人所需要的保险产品将会被有效供给，双方的效用通过保险合同的履行均会被增加。

将风险效用理论应用到农业保险中，保险人以及被保险人参保以及提供保险产品的目的分别是转移风险和赚取利润，由于农业风险的特殊性，导致其赔付率较高，所以保险公司的最低保费 P^- 与农户最大支付意愿 P^+ 在很大程度上不能满足 $P^+ \geqslant P^-$，也就是说除非有政府等第三方参与到农业保险产品的实施中来，否则农业保险产品的有效供给将很难得到保障。

第三节 国内外作物保险开发与实施现状

一、我国农业保险发展历史

自1982年恢复试办以来，我国的农业保险发展经历了几个不同的阶段。

1982~1991年是我国恢复试办农业保险及随后的短期积极发展阶段，我国的农业保险得到了平稳快速的发展。这个时期，主要的两家农业保险公司是中国人民保险公司（PICC）以及中华联合财产保险公司（CUPI），我国的农业保险主要是在商业保险的框架内经营，除了享有免征营业税的优惠政策外，农业保险运营其他方面的待遇均与商业保险相同。这期间民政部门也组织农村救灾保险体系[2]。这一阶段的两家保险公司分别属于国有及新疆生产建设兵团经营，且当时我国还没有进行市场经济体制改革，在计划经济体制下当时的保险体系属于政策性农业保险，保险公司经营农业保险不以营利为主要目的，农业保险发展迅速，农业保险的赔付率较高。以1982~1989年为例，我国农业保险的试办地区遍及全国29个省、市、自治区的广大农村乡镇，承保种植业的保险标的涵盖了粮食作物、经济作物、森林、作物火灾、其他作物五个大项的16个种类，还承保了五个大项12个种类的养殖业，开办的险种多达100多个。这一时期江苏省的综合农业保险，河南省的小麦成本保险、麦场火灾保险，山东省德州及聊城地区的棉花保险均取得了全国瞩目的效果[3]。

1992~2003年是我国农业保险的萎缩阶段。在市场经济体制改革之后，经营农险的PICC由国有改制为商业性的保险公司，政府淡出农业保险经营。中华联合（当时的新疆生产建设兵团农牧保险）公司农险业务经营效果较好，但其只在新疆经营，具有地域性且经营面积有限。因赔付率较高，这一阶段农险迅速萎缩。以2001年为例，当年全国农业保险保费实现收入3.33亿元，较1992年的8.17亿元下降了近2/3，赔付率居高不下，这个时期内，农业保险的总赔付率为85.31%，较1992年之前明显降低。在保费收入大幅度下降的同时，农业保险的险种也在不断减少。

2004年国务院开始实施政策性农业保险试点，我国农业保险发展再次进入复兴阶段。2004～2018年的15个关于农村工作的一号文件，将农业保险推向越来越核心的位置。2004年的一号文件指出“加快建立政策性农业保险制度，选择部分产品和部分地区率先试点，有条件的地方可对参加种养业保险的农户给予一定的保费补贴”。至2018年的一号文件提出“加快建立新型农业支持保护政策体系。……探索开展稻谷、小麦、玉米三大粮食作物完全成本保险和收入保险试点，加快建立多层次农业保险体系”。这都为政策性农业保险试点指明了方向，是政策性农业保险发展的重要突破（见表2-1）。

表2-1　中国农业保险保费收支状况

年度	农险保费收入	增长率	农险保费支出	农险简单赔付率
1982	0.002	—	0.002	95.652
1983	0.017	652.174	0.023	134.682
1984	0.101	482.081	0.073	71.996
1985	0.433	330.189	0.526	121.514
1986	0.780	80.102	1.064	136.337
1987	1.003	28.493	1.260	125.726
1988	1.157	15.401	0.924	79.834
1989	1.297	12.075	1.075	82.894
1990	1.925	48.450	1.672	86.877
1991	4.550	136.409	5.419	119.097
1992	8.170	79.545	8.146	99.709
1993	5.613	-31.297	6.469	115.252
1994	5.040	-10.201	5.386	106.853
1995	4.962	-1.555	3.645	73.458
1996	5.744	15.752	3.948	68.739
1997	5.759	0.266	4.187	72.707
1998	7.147	24.107	5.630	78.778
1999	6.323	-11.535	4.856	76.795

续表

年度	农险保费收入	增长率	农险保费支出	农险简单赔付率
2000	4.000	-36.737	3.000	75.000
2001	3.330	-16.750	3.000	90.090
2002	4.760	42.943	4.000	84.034
2003	4.460	-6.303	3.450	77.354
2004	3.960	-11.211	2.890	72.980
2005	7.500	89.394	5.800	77.333
2006	8.460	12.800	5.840	69.031
2007	53.330	530.378	29.750	55.785
2008	110.700	107.575	69.000	62.331
2009	133.800	20.867	101.900	76.158
2010	135.680	1.405	100.690	74.211
2011	174	28.24	81.8	47.01
2012	240.6	38.28	131.3	54.57
2013	306.6	27.43	194.9	63.57
2014	325.8	6.26	205.8	63.17
2015	374.9	15.07	260	69.35
2016	417.1	11.26	348	83.43

资料来源：国研网，《中国统计年鉴》，保监会。

二、我国作物保险发展现状

我国的农户一般是通过多种经营来分散风险的，且历史原因造成了农户参与农业保险的积极性较低、风险管理意识不强、对政府大灾后救济有一定的依赖感[12]。

自20世纪80年代以来，我国在全国范围内进行农业保险试验，先后开发了60多个保险险种。后来的1992~2003年，由于政府在农业保险经营过程中缺位，导致我国农业保险迅速萎缩。从2004年开始，我国开始实施政策性农业保险试点，至今已经过了六个种植年，在作物保险实施方法、作物保险需求影响因素以及农业保险数据等方面已经有了一定的积累。所有这些都是新一代作物保险产品开发的重要基础。

自2007年国家开始政策性农业保险保费补贴以来，全国各地积极发展不同的政策性农业保险形式，不同的组织以及民间企业也在政策性农业保险的实施过程中发挥了积极的作用，我国政策性农业保险的开展局面良好。当前在我国的农业保险具体实施过程中，除上海等地一个县区内采取“共保”“统保”的保险方式之外，多数县区都是以农民自愿的原则展开的。但是，与此同时我国的政策性农业保险的覆盖率还不高，保险额也多以物化成本为主，不能在根本上起到保障农户因灾造成损失的作用。但是要想像其他财产险那样，对于农业生产的整个市场价值进行保险，以较低的保险费也难以达到，因此这也是当前我国政策性农业保险面临的一个重要问题。另一个问题就是当前我国政策性农业保险中作物保险的险种较少，多数地方仅保因灾造成的单产产量损失，在这些灾害里，一般还不包括每年引起国家农业损失最大的灾害——旱灾。这主要是因为旱灾的发生具有系统性，单一地依靠保险公司不能提供数额如此巨大的损失保证金，这就要求国家或者有关部门为农业保险提供再保险。

我国现存多种作物保险险种，但是，对于玉米、大豆、棉花、水稻以及小麦等大田作物比较流行的是一种类似 MPCI（多种风险保险）的政策性农业保险险种，现行的政策性农业保险多是基于保险统计学的保险产品，其他险种尚不存在。

“十一五”期间，我国的农业保险业务迅速增长。中央财政实施了对农业保险进行补贴的政策，我国的农业保险保费收入从2006年的8亿元增长到2010年的135.68亿元，增长了16倍；保险业为4亿农户的农业生产提供风险保障11279亿元，自2008年起，我国农业保险规模仅次于美国，居世界第二位，列亚洲第一位，成为全球最重要的农业保险市场之一。

我国作物承保面积从2006年的0.6亿亩增加到2010年的11.6亿亩，增长了18倍；累计承保作物29亿亩，承保生猪及能繁母猪2亿头，承保森林7.6亿亩①②。重要粮、油、棉作物的承保覆盖面已达全国播种面积的33%。一些粮食

① http://insurance.cnfol.com/110411/135,1387,9658308,00.shtml.

② http://www.cqagri.gov.cn/detail.asp?pubID=464515.

主产省的承保覆盖率已超过70%，部分地区接近100%①。

“十一五”期间我国的政策性农业保险中增加了不少新险种。不同地区根据地方各自的条件，因地制宜，根据各自所处地区的不同条件以及作物本身的不同特色，开发出不同的政策性农业保险险种，如浙江省宁波市，从2006年起，政策性农业保险逐渐覆盖农业生产的所有区县，平均每年增加2～3个新品种，政策性农业保险所包含的险种由最初的水稻种植、生猪养殖、蔬菜大棚、鸡养殖、鸭养殖等5个增加到17个。山东省潍坊地区建立了以蔬菜大棚为保险标的的政策性农业保险，在其他地区，蔬菜大棚均不在政策性农业保险范畴之内。而西藏地区建立了以青稞为保险标的的政策性农业保险险种。以全国性商业保险公司以及专业性农业保险公司为主体的农业保险服务网络已覆盖各省，农业保险经办主体从最初的6家增加到近20家，基本上实现了粮食生产大省均有2家以上的农业保险经营机构，初步实现了积极适度竞争。当前涉及农业保险业务的保险公司包括：人保财险、中华联合财险、中再保险、安信农保、安华农保以及阳光互助等。人工干预天气、无人机航拍等新兴科技逐步引入农业保险领域，有效地增加了农业的防灾防损能力。

农业保险的经济补偿功能得到充分发挥，促进了农业再生产能力的恢复，有效地保护了农村生产力，保障了国家粮食安全和畜产品的稳定供给，已成为农民灾后恢复生产和灾区重建的重要资金来源。“十一五”期间，农业保险累计6400万元，为受灾农户支付赔款307亿元。农业保险的发展减轻了政府灾害救济面临的压力。同时，农业保险的发展促进了农业信贷的发展，推动了农村融资模式创新，引导更多的金融资源向农村倾斜。随着覆盖面的不断增加，农业保险的保障水平也有所提高，油料作物的保额由原来的210元/亩增加到2010年的228元/亩，黑龙江农垦地区的作物保额由232元/亩增加到273元/亩，新疆生产建设兵团的棉花保险的保额最高达到800元/亩。保额提高的同时，在保证农民缴纳保费不增加的前提下，各基层县、市的保费配套比例逐渐降低，有效减轻了地方县

① http：//finance.sina.com.cn/roll/20110121/11223584207.shtml.

市级政府尤其是产粮大县的财政负担，提高了地方政府推动农业保险工作的积极性①。

自从2007年4月中央财政将10亿元资金投入到内蒙古、吉林、江苏、湖南、新疆以及四川六省份，用来支持棉花、玉米、水稻、大豆以及小麦这五种作物的政策性农业保险的发展，各级地方政府拿出配套资金对农业保险发展予以支持。接下来的几年里，国家不断扩大补贴区域，提高补贴比例，增加补贴品种。在实施政策性农业保险的过程中，各级财政的补贴范围有所增加，如福建省龙岩市，政策性农业保险品种已经覆盖了农房、农机、养殖、种植的方方面面。到2010年底，中央财政支持的涉及国计民生的险种已达14个，覆盖了所有的粮食主产区，农业保险2010年新开展了马铃薯、青稞、牦牛、藏系羊、天然橡胶保险等试点。目前国家对政策性农业保险在管理费用方面给予补贴，还实行税收优惠等政策。

农业保险的发展提高了全民的参保意识，促进了保险知识的普及，推动了我国综合灾害风险防范体系建设和防灾减灾体系建设。“十二五”期间，国家将进一步扩大政策性农业保险的投入，进一步健全农业保险制度，建立农业再保险与巨灾分散机制，重点做好主要粮、油、棉作物的保险工作，扩大森林领域的保险，增加畜牧业保险、蔬菜保险、设施农业保险、特色农产品保险等保险品种，为广大农民提供更加充足的保障。

中国的郑州商品交易所、大连商品交易所以及上海商品交易所是中国主要的期货交易所，比较活跃的农产品期货品种包括大豆、强麦以及豆粕、玉米等。以玉米期货为例，大连商品交易所玉米期货自2004年9月恢复交易至今已经位居全球第二大玉米期货市场，2008年、2009年以及2010年上半年，大连玉米期货价格与现货价格的相关系数分别达到0.73、0.87及0.96，众多玉米生产、贸易、加工企业以及中下游的饮料等企业在经营过程中均以大连玉米期货价格为主要参考，有的直接参与期货市场避险；目前参与大连玉米期货交易的客户总数约12

① http://www.circ.gov.cn/web/site0/tab464/i156144.htm.

万个，其中法人客户数为 960 个①。该数据表明实际参与农业生产的绝大多数农户并没有参与到农产品期货市场中来。根据徐欣等的调查，当某类农产品市场出现风险时，有一半以上的农户选择“外出打工，少种地”和“改种其他作物”来规避风险，有小部分农户通过与企业签订单或者加入合作社等方式来规避市场风险，仅有极少数农户选择间接或直接利用期货市场来规避风险，由于对期货这种风险管理工具的宣传及培训力度不够，加之受农户生产规模、农民受教育水平的限制，中国农民对农产品期货的认知程度非常低[13]，在实际农业生产中极少被用来作为风险规避的工具。

在再保险方面，中国国内唯一的专业再保险公司，中国再保险集团积极发挥其在分散巨灾风险以及再保险的主要渠道作用，以商业合作的模式向国内开办农业保险业务的保险公司提供了成数和超赔再保险服务。2004 年 9 月，我国国内第一份农业再保险合同的签订，对于对农业保险进行直保的保险公司与以中国再保险为主的再保险公司展开多种形式的尝试，初步形成了以中国再保险为主体，国际再保险市场为补充的中国农业再保险市场格局。2004 ~ 2006 年，中国再保险集团依托自有资本开展商业性再保险业务，六年累计支付农险赔款 22 亿元，累计转移农业种植业和养殖业风险责任 1200 亿元，在推动农业保险试点向全国铺开过程中发挥了一定的作用②。

三、国外典型国家作物保险发展现状

农业保险作为一种风险管理手段在国外历史悠久。早在 18 世纪，欧洲已经出现作物保险，当时仅承保单一的雹灾风险。到了 19 世纪，牲畜保险在欧洲已有较为广泛的发展。自 20 世纪 60 年代以后，农业保险在主要发达国家逐渐发展成型。至于发展中国家，直到 20 世纪 50 年代，才有少数国家开始尝试农业保险的试验[3]，到现今为止，包括印度、中国等国在内的农业保险发展已经取得了一定的效果。

---

① http：//www. dce. com. cn/portal/info?cid = 1261730307105&iid = 1284528840100&type = CMS. PHOTO_NEWS.

② http：//insurance. hexun. com/2010 - 04 - 19/123392252_15. html.

许多国家建立了公有的或者民营的作物保险项目，其中大部分的多种风险管理项目如果没有政府补贴将会难以维持。Kramer 总结农业保险的历史经验提出，如果没有政府补贴，作物保险市场将会走向灭亡[14]。Jefery R. Williams[15]等通过对农场纯收入曲线的随机动态分析，对个体保险、区域保险、灾害援助计划和政府农产品稳定计划等进行比较后，认为灾害援助计划是最优选择，个体保险优于区域保险，如果促使风险厌恶个体选择区域保险，那么政府必须给予补贴。以美国为例，联邦政府补贴的保险项目已经存在了 60 多年，当前这些保险项目对超过 75 种作物以及牲畜品种提供保险，而 2003 年，其总的政府保费补贴平均超过 60%（2004，RMA）。

国外农业保险的另一个特点就是其再保险的发展。农业面临的自然灾害对于直接承保机构的资本基础会产生很大的影响。为了对巨灾风险进行防范，国外对农户直接承保的机构采取了再保险措施。国际化的再保险机构在提供风险再保险以及在全球范围内进行风险多样化方面具有其优势。再保险机构通过与其他金融机构合作或者在金融市场上用分散风险的手段来对巨灾进行保险。

1. 美国作物保险的发展历史及现状

1922 年，美国农业部（USDA）在公布的 1909 ~ 1918 年的数据上，引起各种作物损失的主要原因是干旱。对于棉花来说，虫灾尤其是棉籽象鼻虫是与其密切相关的第二个原因。其他导致亏损的主要原因有霜冻、湿度过大、病虫害和干热风等。对于私人保险公司中普遍承保的冰雹灾害，其引起的损失不到作物总损失的 2%。不考虑由产量减少引起的价格变化，美国农业部估计，平均这些作物每年遭受的损失达 26 亿美元。在对作物损失定量评估的基础上，考虑到 1920 ~ 1921 年农产品价格较低，1922 年美国国会提出对引入作物实施保险的若干建议。

美国现行的农业政策起源于 20 世纪 30 年代。由于农业本身在国民经济中的重要作用，对于农业所面临的金融风险，国家对于农业实行了不少金融支持，主要是通过对农产品的价格支持进行的（Federal Crop Insurance：Background and Issues）。同一时期，美国国会提出将作物保险作为一种有效解决大萧条以及灾难性的沙尘暴对作物影响的实验性政策。1938 年，联邦作物保险公司（FCIC）成立了专门从事作物保险项目的部门，最初的作物保险项目作为一个实验项目一直局限于主产区的几种主要作物，直到1980年美国国会通过了《联邦作物保险法》，将作物保险推广到更多地区的更多种作物。为了使更多的农户参与作物保险，美国国会于1994~2000年分别对作物保险项目进行了改革。随着改革的进行，私有部门在开发新的保险产品中的角色逐渐加强，而这些新产品有助于农户管理其作物风险。1996年，美国将农业保险与其他救灾和农业优惠政策捆绑在一起，提出如果不参与农业保险就不能享受其他优惠政策，这个政策的出台无疑将实行了几十年的自愿作物保险变成了有条件的强制保险[16]。

联邦作物保险项目为农户提供针对作物产量或者收入损失的风险管理工具，由15家完全私有化的保险公司出售作物保险并为其提供相关服务，保险公司付给保险代理机构佣金，美国国家农业部为保险公司的损失提供再保险，相关的管理费用及营业费用由联邦政府偿还。生产者种植了某种可保作物，则可以按照一定的保障水平缴纳保费，保费随着保障水平的提高而提高。

在过去的三十多年中，联邦作物保险计划迅猛发展。1981年，美国大约有4500万英亩作物参与了作物保险计划，总保费大约为3.80亿美元。2008年，超过2.72亿英亩的作物和草场受到了作物保险计划的保护，总保费大约为98.5亿美元。尤其是近15年中，保险计划所覆盖的作物品种越来越多，所提供的保险产品也越来越多，作物保险计划为超过100种作物提供20多种保险产品。保险计划为超出农户控制范围的作物产量和收益风险。联邦作物保险计划的保额由2006年的500亿美元提高到2008年的900亿美元。

美国已经建立起比较完善的农业保险体系，该体系以产量保险、收入保险为主，其中收入保险的份额较大，美国政府在其发展过程中，主要为保险产品提供保费、管理费用补贴，为其提供再保险，并为农户提供灾害援助，将灾害援助与是否参与农业保险挂钩；经营方式由公私合营转变为商业保险公司独立经营。作为联邦农业保护网的一部分，作物保险的重要性日益增加。RMA以及美国农业部USDA经营并管理的联邦作物保险公司以及联邦作物保险计划都在为提供精算稳健的作物保险产品而努力。作物保险产品的精算稳健性是指保险产品的保费是通过其预期支出水平来确定的。与其他类型的保险产品不同，作物保险产品费率中不包括其销售及服务费用，这部分费用是由联邦政府支付的。实质上，精算稳健的作物保险费率是指向农户收取的恰好能够保障其所面临的风险的费率。如果农户所面对的风险与其所支付的保险不恰好配比，则会影响作物保险的参与率，最终影响作物保险的效果。如果保险费率对于其对应的风险来说太高，那么农户不会参与这个保险，反之，如果太低，则保险赔付会超过保费总收入。由于RMA管理着一系列的作物保险产品，RMA利用几种方法来测算不同保险产品的费率。

对于标准的产量保险产品来说，如APH（Actual Production History），其费率是根据每种单个作物投保的历史表现来决定的，在一个给定的地理区域内将农业生产者的保险经历进行汇总。在大多数费率的制定过程中，地理区域是以县为单位的；在有的费率的制定过程中，临县或者临州的数据也会利用到。

APH保险为作物提供几个不同保障水平的保险，在具体的计算费率之前，第一步，需要先将所有的数据调整到65%的保障水平，这样可以对数据进行汇总。第二步，就是利用调整过时间趋势的数据计算某一区域（县）的65%保障水平的保险费率，通过这些保险费率来表现该县域以及该县周围地区的平均损失状况。第三步，为了防止种植部门或者保险部门负荷太大，将县域水平的保险费率按照损失严重年份的数据在储备因素里对其进行调整。第四步，将第三部计算的保险费率与现行的费率进行比较，保费的波动幅度受到相关法规的限制，根据情形不同，保险费率增加的幅度不超过10%，减少幅度不超过5%。第五步，依据作物种类的不同（如冬小麦或者春小麦）、耕作方式的不同（如灌溉与非灌溉生产）、平均产量差异以及根据保险保障水平的选择等因素做调整。

对于收入保险产品，如RA、CRC以及IP，最初的保险费率制定过程主要是由RMA之外的私有团体开发出来的。这些费率开发过程被提交到RMA，并经过RMA以及外部相关团体（通常是进行过农业保险相关问题工作的专家）的审查，以评估这些费率的稳健性。在开发收入保险的过程中采用的价格来自于商品期货市场，并且依存于有效的市场假说。这些市场假说表明，市场价格（如商品期货价格）反映了某一商品的所有信息。因此，期货市场价格是商品期货价值最好的无偏估计。期货价格信息经常与相关的期货期权价格一起用来决定保险期间内期货价格的预期变动性。对于 CRC 来说，其通过固有的费率结构结合 APH 基本费率一起来反应作物生长期内的价格变动情况；对于 RA 及 IP 来说，其费率的计算依赖于其他的数学模型，这种模型以收入的统计学分布为基础，在这里收入的统计学分布反映了作物价格与单产之间的数据关系。对于 RA 来说，其基本费率是由 65% 保障水平 APH 的费率、生产者选择的保障水平、参加保险的土地单产以及期望的价格波动率所组成的方程决定的。

RMA 一直对其管理的几种保险产品进行监测，并且在过去的几年中对几种作物保险产品进行了详细的审查。RMA 同时在致力于研究一种“二合一”的作物保险产品，这种产品将对 APH 以及收入保险产品进行整合，也在重新审查各种保险产品的费率制定方法。

要对一种保险产品的稳健性进行评价是很困难的。而在给定的年份农业生产间的高度相关性又使问题更加复杂。要对气候情况进行精确的评估需要很多年的数据，收集多年的气候以及保险数据的同时，又可能发生生产方式、费率确定方法以及参加作物保险方式的改变。因此，历史作物保险的经验可能并不能对于未来的作物保险表现给予精确引导。RMA 已经采用了几种计算稳健的保险费率的方法，根据保险产品的不同，RMA 通过采用历史数据、现有数据以及模拟数据来计算保险费率。至于更多保险费率厘定技术的纳入以及更大的保险数据库的建立应该允许在保险费率设定方面有一定的改进。

2. 印度作物保险发展的历史及现状

同样作为一个人口大国以及农业大国，作为发展中国家——印度的农业保险发展历史也比较长。印度是世界上最大的豆类、茶、牛奶以及蛋类生产国，其农业受季节性以及区域性季风降雨量的影响，在 2007 年，当其耕地的灌溉率达到 30% 时，仍有 90% 的产量波动都与季风降雨有关。季风形式的轻微变动会对印度经济产生很大的影响。

印度国内从 1947 年开始进行作物保险调研，发现开办个体作物保险（Individual Approach）难度较大，之后倾向于开办大面积保险。1985 年开始主要针对谷物、豆类和油菜籽推出综合保险计划（Comprehensive Crop Insurance Scheme，CCIS），这是一种地区性产量保险，只对申请贷款的农户开展。CCIS 由一般保险公司和各邦政府按照2:1的比例分担农户投保风险损失，各邦自愿选择办理这项保险计划，农户则自愿参加。从1999年开始，由印度农业保险公司（AIC）以及印度国家农业保险计划（NAIS）联合推出针对商业园艺的保险，这种保险对于从信贷机构取得贷款的农户来说是强制性保险，对于不贷款的农户来说则可以自行选择是否投保。该保险不受投保地区以及投保作物种类的影响，农户支付一个统一的费率。2007年，NAIS共为印度23个州的近2000万农户提供保险，涵盖30种不同的秋收作物以及25种春播作物，当年共收入保费1.5亿美元。虽然保险费率得到补贴，但其参保率仍然很低，只有7%的农户、10%的土地参与该项保险[17]。

在此基础上基于降雨指数的气象保险在印度引来越来越多的人参与。印度推行的气象保险与降雨量（或者温度）有直接的关系，当降雨量（或者温度）低于或者超过某一水平时，保险公司就会做出赔付。参保气象保险的农户会在收获后的几个星期内得到赔付。通过AIC以及私有保险公司的努力，2009年已有500万农户参与气象保险。

CCIS于1999~2000年开始实行全国性农业保险计划，对所有农户而非申请贷款农户开展。所有的粮食作物如水稻和豆类、油菜籽、一年熟商业或园艺作物都可投保，该计划要求农户有足够年数的产量记录。全国农业保险计划以面积为投保基础，即对划定地域内特定作物的大面积灾害进行统一保险，同时对雹灾、滑坡、气旋以及洪灾进行单独保险。考虑到单独保险的灾害定损困难，开始只在有限地区开展，待取得经验再推开。凡是参加全国农业保险计划的邦或者领地，要求起码在前三年以乡村自治委员会为单位进行团体投保。近年来，印度开始办理经济作物保险。印度的经济作物保险分为由政府支持的保险以及政府不支持的保险两类。政府支持的经济作物保险项目由一般保险公司承办，第一年只承保土豆，第二年承保洋葱、辣椒、姜黄和姜等，从第三年开始承保其他作物。这种项目涵盖了所有的农户以及不可避免的所有自然风险，对于小农户来说补贴其50%的保费，并根据不同金融情况最终在3~5年内取消补贴。这实际上是一种区域产量保险方式，最开始的3~5年内由保险公司承担的最高赔偿达到保费的150%，之后可达到200%，当超过保险公司的赔付能力时，由印度政府以及办理保险的邦各出资50%建立共同基金会予以赔偿。单独园艺和种植园保险计划不享受政府支持，由国民保险公司等四家补贴型保险公司承办[18]。

第四节 作物产量保险定价研究进展

一、国内作物产量保险定价研究综述

农户在生产过程中面临很多风险却通常缺乏风险处理的手段。很多农户为了规避风险，往往选择低收益、低风险的经营活动，这将不利于农民收入的增加和稳定。在遭遇大面积或者程度较深的灾害时，传统的分散风险方式经常会失效，这就为农业保险的实施提供了前提条件。

在理论方法方面，国外对农业保险的研究较为丰富，而国内对农业保险的理论研究还处于较低层次[19]。农业保险不同于单纯意义的商业保险，2009年10月修订后实施的《中华人民共和国保险法》第一百八十六条规定“国家支持发展为农业生产服务的保险事业。农业保险由法律、行政法规另行规定”。李军[10]认为，由于农业保险具有社会效益高而自身经济效益低的特点，且具有明显的公益性，同时又有一定的排他性，所以认为农业保险属于准公共物品，而不属于私人物品。正是由于农业保险的这一性质决定了仅依靠市场的力量农业保险得不到有效供给。史建民[20]认为，农业保险服务具有正外部性，由市场机制来提供所实现的社会供给量必定低于社会最优水平，即便是已经形成了一定的发展规模，最终也会萎缩，农业保险服务的这一准公共品属性，是建立政策性农业保险机制的基本理论依据。史建民提出，应当建立政策性保险公司主导的农业保险体制，实施农业保费补贴等财政措施，建立农业保险、再保险以及巨灾损失补偿相结合的有效联结体制[20]。赵学军、吴俊丽[21]认为，中国政府干预农业保险的理论来源于马克思、恩格斯的国家直接配置全部资源思想。在市场失灵的情况下，需要政府进行干预，在干预的过程中，政府既可以充当社会经济活动的监督管理者、各

种政策手段、创造平等竞争的市场环境和安定的社会环境，也可以在一些基础设施、垄断行业等领域进行投资，或直接建立国有企业，参与经营[22]。

丁少群、庹国柱[23]等将国外农业保险体制分为五种类型，其中包括以国家专门保险机构为主经营政策性农业保险的美加模式、日本模式、集中统一的国家农业保险机构对全国农业保险实行垄断经营的苏联模式；以德国、法国、荷兰、西班牙为代表的西欧模式，以及以斯里兰卡、泰国、印度、巴基斯坦、孟加拉国等为代表的亚洲发展中国家模式。政府不经营农业保险，农业保险主要由私营公司、部分保险互助公司以及保险合作社经营，一般只经营雹灾、火灾和其他特定灾害保险。关于我国农业保险经营模式已经有不少学者展开了相当多的研究。

直到1987年以前，中国各地进行作物和饲养动物保险还是采用全国统一的费率，这种费率的制定甚至不是基于保险统计原理、风险损失大小，而是以农民缴纳保费的能力作为主要依据，没有比较规范的保单。在防灾以及防范逆向选择和道德风险方面也缺乏经验。据庹国柱[24]等调查，1993年，某些地区的道德风险给保险公司带来的损失超过30%；1995年以前，PICC农业保险试验经营的累积赔付率（基于净保费计算）高达109.26%，加上管理费（假设按30%计算，实际上没有具体规定或准确的核算资料），累计赔付率达139.26%。经过不断地实践、探索和总结，各保险公司因地制宜地开发适应农业生产发展需要的险种，制定了一系列保单范本，在统一规范保单主要条款内容的前提下，根据各地风险的差异进行了差别费率，并积累了不同地区的损失经验[25]。于洋、王尔大[26]对政策性农业保险定价的背景进行了分析，建立了保费—赔付的误差修正模型，测算出政策性农业保险试点阶段政府补贴对促进农业保险发展起到的作用。于洋、王尔大[27]采用生存分析法厘定出多个保障水平的政策性作物保险费率。

中国学者在利用统计学分析风险、计算费率方面进行了一系列有益的研究。在作物风险识别及其防范方面，王克、张峭[28]等对玉米风险进行了识别与分析。基于数理统计学的作物生产风险波动的研究与作物保险产品设计中的风险识别过程类似，中国许多学者如温铁军、刘中一、李国祥、李岳云、蒋乃华、谭砚文等在农产品产量波动方面的研究主要是针对粮食、棉花产量波动的原因进行分析，并提出相关政策建议[29~33]。这些研究的结论很少提及利用作物保险来控制产量或市场供给波动。国内许多研究中在假设作物单产服从正态分布的基础上进行保险定价或者灾损风险区划，对于作物不服从正态分布的情况则采用某些方式（如坐标变换法）将其转换成正态分布[29]。

庹国柱、丁少群[30]提出了农业保险在险种设计和费率厘定方法上不同于一般财产保险的若干特点，之后他们又进行了一系列关于作物保险区划的研究，包括作物保险区划的理论依据、风险分区和费率分区。李世奎[31]等运用变异系数和单产率两个指标估算了中国水稻产量的风险水平；刘长标[32]对作物区域产量保险进行了精算研究。邢鹂[33]运用农业生产风险程度类似以及作物发展方向基本相同的原则，对全国粮食产地进行了风险等级划分，其分析结果表明，粮食主产区，特别是北方主要产粮区的生产风险明显高于全国平均和非主产区水平。在风险分区的基础上，针对主要作物，运用保险精算方法，分别计算了各省市种植业生产风险在不同保障水平下的社会损失率（即费率），从而为种植业区域产量保险开展提供必要的基础工作。邢鹂认为作物主产区的生产风险明显高于全国平均和非主产区，粮食主产区的单产波动水平远远高于全国平均数[34]。丁少群、庹国柱等采用作物生产历史、气候条件、土壤和地形地貌、作物种类、水利及其他社会经济条件等指标为准，以陕西省泾阳县20个乡镇为研究对象，划分风险区域，利用正态函数法计算各风险区域的保险费率，保障水平为50%，其前提条件是假定亩产量服从正态曲线分布；文中也提到皮尔逊函数法假定亩产服从偏态分布[35]。刘濂等提出，我国农业保险工作中保险费率、赔付率等决策过程基本依靠经验和协商，主观随意性较大，缺少科学依据，对河北省3种作物气象受灾程度进行分级，并按灾害损失率进行分区，为更准确、合理地确定区域作物保险费率提供了科学的依据[36]。周玉淑等介绍了美国农业纯保险费率以及采用相对比值计算保险费率的方法，指出美国（James L. A.，1984）以近几年的粮食平均产量作为预期产量计算出的保险费率会因保险产量偏低而最终导致保险费率偏低，在通过采用气象产量法对粮食产量资料进行处理后，采用改进的相对比值法计算了全国范围内的保险费率，并用动态迭代自组织聚类算法将保险费率在全国分区，在厘定作物保险费率的过程中，多指计算纯保险费率，其依据是按照某一设定的保障水平，在某一时期内可能支付的平均赔偿金就作为农场/地块的保险费[37]。在国内有关农业保险费率厘定的实证研究中，少有考虑到不同县域产量间相互关系的研究，只有李文芳、刘锐金等[38~39]采用分层贝叶斯模型，利用湖北省荆州市1991~2007年县级水稻单产数据，综合考虑水稻单产的时间效应和空间异质性、空间效应以及时间和空间的交互效应，计算了县级水稻单产的保险费率。

除了利用平均单产数据对作物生产风险进行测算之外，还有一种利用气象指数（如降水等）作为衡量作物风险的指标，气象指数保险仅需要历史气象数据和准确的气象观测数据即可，如娄伟平[40]等研究了如何利用气象指数对浙江省的柑橘进行保险。与区域产量保险一样，气象指数保险也解决了保险公司与农户间信息不对称的问题，是目前世界各国政策性农业保险采用的主要模式之一。印度、加拿大以及墨西哥、阿根廷等国家均存在根据自身需要开发的气象指数保险产品。在气象学和灾害学方面，王馥棠[41]等从20世纪80年代起就开始研究气象条件对粮食产量的影响，并通过测算气象产量、气象周期等对粮食产量进行预测，且已经建立粮食产量综合预测系统。这些方法及其相关数据在农业保险产品开发中均可发挥重要作用。

如果农业保险者参保率过低达不到保险公司的最低要求，保险公司就不会提供相应的保险产品，愿意购买农业保险的农户无法参保，这实际上是一种社会福利损失[42]。针对参与率过低的问题，目前主要存在两种解决方案：其一是通过实行保费补贴或税收优惠，如财税〔2010〕4号文件规定：2009年1月1日~2013年12月31日对保险公司为种植业、养殖业提供保险业务取得的保费收入，在计算应纳税所得额时，按90%比例减计收入①；又如国家以及地方各级政府按照一定的补贴比例对农业保险的保费进行补贴。其二是通过强制保险来实现包括日本在内的国外农业保险，经验表明，仅仅依靠自愿参与农业保险不足以吸收足够量的农户来满足实施农业保险的需求，必须实行强制保险与自愿保险相结合的政策。孙香玉、钟甫宁[42]利用开放的二分选择式条件估价法测算了新疆、黑龙江、江苏四种作物实现特定参保率所必须的财政补贴及福利变化，研究发现在一

① http://www.iic.org.cn/D_newsDT/newsDT_read.php?id=30862.

定的参保率下，对某些地区农业保险的财政补贴的确可能带来社会福利的净增加，而多数地区的补贴可能导致社会福利的净损失，这部分损失实际上是因为参保率过低被保险公司拒之门外的那部分农户的消费者剩余；孙香玉等认为，在当前情况下实行低保障、低保费的政策是合理的，若提高保障率和保费，亩均净福利会降低。黄英君[43]提出，在农业保险发展过程中，政府的直接经营或大量补贴对其发展起着重要的推动作用，但同时这也极易导致“政府失灵”现象；孙香玉等[44]认为，政府在财政有限的情况下意欲提高农业保险的参与率，可以采取强制保险的方法，孙香玉等认为通过有条件的强制参与，再给予一定的补贴，会提高参与率并减少农户的抱怨。史建民[20]通过实际测算认为，我国农业灾害损失补偿水平很低，1998~2000年，通过自然灾害救济平均每年补偿农户37.31亿元，仅相当于需要补偿农业产值损失的2.22%，通过农业保险平均每年补偿4.5亿元，仅相当于需要补偿农业产值的0.27%；关于免于削减的国内支持发展农业保险计划，其特定的政策标准和条件是政府对农业生产者提供保费补贴的比重没有限制，但是参加政府农业保险计划的生产者只有在其损失超过30%时才可以获得保险赔款，保险赔款的最高限额是生产者收入损失的70%。具体来说，在《农业协议》中，关于政府农业保险计划特定的政策标准和条件包括以下相互关联的两个方面，即收入保险和收入安全网计划中政府的资金参与与关于政府自然灾害救济的支付；具体来说，政府自然灾害救济支付既可以直接提供，也可以通过政府对作物保险计划资金参与的方式提供；生产者在获得农业保险补偿的同时，还可获得政府自然灾害救济，或者说生产者在获得政府自然灾害救济支付的同时，还可获得政府农业保险计划中的保险补偿，但两者合计不得超过生产者总损失的100%。

在我国政策性农业保险实际运行过程中，各级政府对农业保险的扶持措施主要包括对农民保费的补贴，对经营政策性农业保险的保险公司管理费用的补贴以及有的省份，如北京，是按照上年农业增加值的1‰预提巨灾风险准备金。

谢家智[45]等1999年的研究认为，我国农户本身的特点以及农业保险高投入低回报的特性，导致了我国农业保险面临着供需双冷的局面，但这种局面已经由政府通过对保费提供补贴的方式介入，得到了明显的改善。自2004年政策性农业保险试点改革以来，我国的农业保险已经有了迅速的发展，保险成效也已经初见端倪。

二、国外作物产量保险定价研究综述

国外对农业保险进行的研究较多，在理论方面以及实证方面研究得也较深入。在本书中不再对有关国外作物保险的研究做出叙述，只是将其与作物保险产品开发的有关研究做进一步梳理。

设计一个保险合同的传统方式就是测定损失的可能性，以及当损失发生时预期的损失水平。可能设计者更关心损失或者引起损失发生事件的概率密度函数。因此测定作物风险就是测定作物损失的一种概率分布，分布有参数、非参数之分。对于作物保险费率制定来说，精确的估计（产出）分布是很重要的，尤其是分布的下边界。不准确的费率可能会带来逆向选择，逆向选择会相应地增加赔付率[46]。许多学者对作物产出统计模型确定中的问题进行了分析，由于外部技术变化等原因而产生的产量序列中的长期趋势是模拟产出分布以及作物保险产品厘定中的重要问题，因此学者们提出了多种去趋势方法。常用的去趋势方法主要为一阶及高阶多项式法[47~48]和自回归综合移动平均法[49]（Autoregressive Integrated Moving Average Model）。现有的实证研究表明，作物产出分布普遍存在负偏度，而有几种分布与负偏度相合，如 Beta、Ggamma 以及 Burr 分布。由 Barry K. Goodwin 和 Olivier Mahul 推荐，当必须采用参数分布时优先考虑这几种分布[48]。Shuling Chen[50]通过对德克萨斯旱地陆地棉的分析发现，GRP 利用比经验分布更复杂更精确的假设分布计算的保费并不是系统地或者显著地与其他分布不同，因此 Shuling Chen 认为费率制定中常用的经验以及正态分布模型基本能提供合理的估计费率。

Mario J. Miranda 和 Josehp W. Glauber[51]认为，系统性的气候影响是民营作物保险市场失败的主要原因，系统性风险的存在使得保险商在农民间分散风险的目的不可能达到，区域性作物产出再保险合同可以保障保险公司（保险商）绝大部分的系统风险。

Mario Mirander 和 Dmitry Vedenov[52]对农业内部的系统风险和灾害再保险问

题进行了研究，指出农场主并不是不愿意承担风险，但也不是情愿支付私人保险得以实施所要求的价格，为了建立一个切实可行的私人再保险市场，必然要依靠昂贵的国际再保险。因此需要政府对再保险市场给予补贴或支持。Hart[53]（2006）认为，美国对农业保险提供的保费补贴增加了作物保险的参与率，在作为风险管理工具的同时，保费补贴增加了农户可以从作物保险收到可能的转移收入。Hazell[54]认为，农业保险业持续发展（Z）应满足的条件是：当期保险费收入（P）必须能够保证当期的保险赔偿支付（I）加上管理成本（A）和巨灾损失准备金（C）。即 $Z=(A+I+C)/P$。Hazzel[55]得出结论，认为“政府的直接经营或大量补贴是这些国家农业保险发展的必要条件”。美国学者 Valgren[56]在研究了 1917 年和之后的 20 年代初期达科他州和蒙大拿州提供作物火灾保险的惨败经历后认为，政府介入作物保险的基本原因是作物保险市场无法完全由私人企业来承担。Goodwin 和 Smith[57]对美国作物保险的需求水平进行了估算，认为作物保险的需求弹性较低，一般为 -0.2 ~ 0.92，在参与联邦作物保险计划的农业生产者中，规避风险只是促使他们投保的一个次要原因，农民是否参与作物保险计划主要是根据预期利益的大小，即保费补贴的高低来决定的。

Barry K. Goodwin 和 Olivier Mahul[48]提出，如果单个农场的历史数据不存在，那么就可以利用地区性的加总数据来开发基于单个农场/个人损失的单个保险，或者指数保险（地区性保险，或者气候指数保险）。地区性产量保险在数据方面具有以单个农户历史产量为基础的保险产品不可比拟的优点。作物保险的可行性常常受到数据可得性的限制，即使该农场有着比较完备的历史记录，用于测算个别农场生产风险的时间序列数据仍很少见。如以美国的作物保险为例，首先，在决定产量保额时，其仅用到 4 ~ 10 年的产量记录。因此，开发相应的保险产品可能就要用到总的地区性数据，而不是单个农场的数据。其次，再用加总的数据来推论单个农民所面对的风险，可以用整个地区的加总数据计算农户面临的典型风险水平。最后，再利用农户的平均产出与地区平均产出的差别，分别计算农户面临的风险。还有其他方法，结合利用单个农场的产出数据以及加总的产量数据。以 IP 为例，它试图区别农场的产出波动以及整个地区性的产出波动。美联邦政府为实施其作物保险项目，为缺少历史产出的农户分配一个基于地区性平均产出的产出（有些情况下，只是平均产出的一部分）。还有其他综合利用单个产出和总产出的方法，如许多方法利用农场水平的产出与更综合的产出（如县域产出）的关系。如某种方法可能首先利用回归方法估算有限的农场数据和总的地区性产出数据的关系，然后利用较长期的地区性产出数据来推测一个拟合的农场产出数据。有些方法中，总的县域数据常被用来近似代替缺失的农场水平的数据。在美国的农业保险项目中，如果一农户没有某作物的产出历史，为确定其预期的农场水平的作物产出水平，将会被指定一个地区性产出的比例来代替缺失的数据。如果一个农户可以证明他从来没有种植过某种作物，那么他们有资格获得100%的地区性产出；而如果一农户不是新种植者，但他又不能提供历史产量水平，他被指定的产量将是地区平均产出的60%。指数性保险使用的数据更具有可信性，更长期的加总数据可得性更强。Goodwin[58]的研究表明，产出相关性随着空间的变化逐渐消失，他的研究还表明，各州的产量之间可能是独立的，也就是当干旱等极端天气出现时，产出间才存在高度的相关性。产出空间相关性的存在表明，基于中心极限定理的标准正态分布可能不再适用。空间/地区性产出相关性的存在还可以说明，以短期样本为基础得出的潜在灾难性损失可能低于实际水平，在一个大样本空间内分散风险的可能性程度减少。世界各地的经验证明，以农场为基础的多风险作物保险是有欠缺的，这种保险项目的总成本超过其总社会收益。

Calum G. Turvey 和 Zahirul Islam[59]分析了地区性产量保险以及以单个农场投保的公平性及其效率。结果表明单个农场以及地区性产量保险及其减少风险的效用需要用产出风险的系统性及其非系统性进行解释。一般来说，地区性保险的费率比单个农场保险要低得多，但是单个农场投保的效率要高些。另外，地区性产出保险存在收益分配不平均问题，主要有利于高风险的生产者。地区性产出保险最终会由于保险合同风险池中逆向选择的存在走向失败。Miranda[51]开发了一个分析地区性产出保险系统风险保障效率的模型，并将这个模型用到102个西Kentucky大豆生产者样本的分析中。利用最优保障模型，Miranda利用从西Kentucky的22个县中抽出的102个大豆生产者分析了地区性产出保险的效率。Miranda的分析结果表明，对大多数生产者来说，地区性产量保险对农户提供比单个产出保险更好的针对所有风险的保障。

Jeery[60]等发现以地区性指数替代上述保险更合适。经过有效的设计，以地区性产量、降雨或者土地湿度指数为基础的保险合同需要较少的监督逆向选择和道德风险的成本。另外其管理费用也比较低。以地区性指数为基础的作物保险产品开发也已经取得了明显的进展。

Hourigan[61]利用20世纪80年代的近3000个大豆农场的历史数据，计算表明如果按90%的保障程度投保GRP，超过60%的农场总收入变异系数会比投保75%的联邦作物保险项目更小。Shuqiong Ling[62]比较了MPCI、GRP以及以MPCI为基础以GRP为补充的保险方式。结果表明，在一定的MPCI保障水平下，10个代表性农场中有8个农场联合的保险产品能够产生比MPCI更高的确定性等值收入。MPCI的保障水平越低，其与联合保险方式产生的确定性等值收入的差别就越大。Gordon L.[63]对比了五种作物保险（灾害援助）项目减少产出和收入波动性方面（分为结合政府支付以及没有政府支付两种情况）的效率，这些项目包括一个与MPCI类似的单个农场产出保险项目；两个地区性产出保险项目；一个农场产出灾害援助计划，以及一个地区性产出援助计划。结果表明，虽然以单个农场的产出为基本单位的保险很复杂，存在道德风险和逆向选择等问题，可能还需要最大的管理费用，但是它比其他几个项目在产出和总收入风险减少方面效率更高。

许多研究分析认为作物保险失败的原因为信息非对称问题，尤其是道德风险和逆向选择问题，这也是国外作物保险研究中受到广泛关注的一个问题，作物保险为生产者投保在投保产品、保障水平、投保单位以及实施生产方面提供了许多选择。General Accounting Office（GAO）声称，20世纪80年代初期作物保险项目向精算信息很少的县及作物的扩展产生了逆向选择风险池。两种常用的减少逆向选择的方法，一种是将投保单位划分为更精确的具有相同风险的投保类；另一种是通过强制保险将所有生产者纳入作物保险体系。大多数的研究偏向于前者。关于道德风险的研究主要集中于作物保险的购买以及投入要素的应用。Horowitz和Lichtenberg[64]对玉米生产者的生产和保险行为进行了分析，认为作物保险的购买情况与要素投入呈正相关。这个结论受到广泛的争议，Quiggin[65]等以及Goodwin[65~66]等的研究发现，投入要素随着作物保险的购买而下降。Bharat Ramaswami[67]设计了两种模型，分别测算了在农户控制一种以及多种投入要素的情况下，其要素投入对农业保险的反应。结果表明，保险的效应可以分为“减少风险”和“道德风险”两个部分；具体产生效应的方向和程度取决于保险本身参数的设置、农户的偏好水平以及农业技术水平。减少道德风险的主要方法集中于加强监督，另外也有一种情况是通过签定合同来抑制道德风险问题。有些地区的农业保险面临着由逆向选择和道德风险引起的参与率较低以及政府成本较高等问题。Halcrow[68]通过对这些问题的分析认为，基于地区产量的农业保险可以减轻逆向选择和道德风险问题，他指出，许多地区农场水平的预期产量在很大程度上是系统风险（如大面积干旱）的函数。地区产量保险仅能对很大程度上具有系统性产出风险的地区适用。Barry K. Goodwin 和 Olivier Mahul[48]为了避免农户年际间的逆向选择，应该提供跨年的作物保险合同，这可为正在兴起的农业保险市场起到稳定剂的作用。

综上可见，国外作物产量保险的相关研究要比我国的有关研究丰富得多、深入得多。国外作物产量保险的险种也比我国现有的保险险种丰富。且我国对于道德风险以及逆向选择的研究比较少见。因此，深化作物单产的相关研究，对现有的作物单产保险定价模型进行改进是亟须解决的问题。

第五节　作物收入保险的研究综述

根据保险的宗旨，保险只承保纯粹性风险（如自然灾害风险）而不承保投机性风险（如市场风险）。但美国在《1996 年农场法》中就推出了既承保作物产量风险又承保农产品价格风险的收入保险，这些保险产品的推出受到广大农民的欢迎[69]。

一、国外相关研究

国外尤其是美国的作物收入保险研究较成熟，实践已经取得了明显成效。20

世纪 90 年代，美国开始实施收入保险政策以来发展迅速，2014 年新的农业法案中又增加了多种作物收入保险方案，用以满足不同类型农作物的投保需求；2015 年，作物收入保险占到联邦作物保险项目 1100 亿美元、总保险金额的近 85%（Ramsey，Goodwin，2015[2]）。在有关作物收入保险合同设计的过程中，如何测定农作物的价格风险是关键一环。几种主流的作物收入保险产品 CRC（Crop Revenue Coverage）、RA（Revenue Assurance）及 IP（Income Protection）在进行价格风险分布拟合时，均基于农产品期货合约价格数据来预测作物收获期价格。RA 基于作物收获期期货合约（如大豆采用 11 月期货合约 10 月日平均价格；玉米期货合约采用 12 月期货合约 11 月日平均价格）在种植期（如 2 月）看跌的期货期权的价格测算农产品价格风险，但是并不是所有的作物品种均存在期货期权合约，因此，这种定价方式的应用受到限制。CRC 与 IP 利用期货合约历史种植期及收获期价格数据测算价格波动；CRC 假设农产品价格波动服从正态分布，RA 费率测算时利用标准 Black – Scholes 方法测算农产品价格风险，假设作物价格波动服从 Log – Normal 分布；IP 则利用非参数的经验分布测定价格风险[5]。Goodwin（2000）的研究结果是强烈拒绝作物价格波动服从正态分布的假设。

IP 及 RA 中均考虑到了农产品价格与其单产的相关关系，以及农业生产、农产品市场变化所带来的系统风险，CRC 设计过程中没有考虑价格与单产间的相关关系（US – GAO – 1998 – 111）。近年来，国外不少研究开始将这种可能存在的相互关系考虑到保险合同设计的过程中去，多采用 Copula 方法建立联合分布概率模型（Tejeda，Goodwin 等，2015[3]），并以此为基础完成保险费率的测定。

Miranda 和 Glauber[51]认为，作物保险处于完全独立与完全相关之间，虽然地区间的作物产量是相关的，但并不是完全相关。一方面，系统性风险为民营作物保险市场的发展带来了障碍；另一方面，总产出与单个产出并不是完全相关，单个地区性产出期权就可以为单个农民提供足够的保障。还可以看出单一的保险市场和期货市场并不足以提供足够的保险，但两个市场合作，各自在自己的职责范围内，可以为作物风险提供市场化的可保性条件。作物收入保险，保障产出和价格向下波动带来的风险，应该被看作是作物产出保险的延伸[48]。

有不少作者利用收入保险中的多种不同的公式比较了不同的收入补贴政

策[70]。Calkins 的研究表明，收入保险使得 Quebec 的农民得到比在实施作物产量保险与价格保险叠加包的情况下更大的期望收益，比接受国家转移支付（State Contributions）的个人储蓄账户的预期收益也高。他们通过对纳税者每一美元的缴税额引起的边际贡献的增加说明，收入保险可以增加公共支出。

Skees[71]认为，收益保险制度能够给予农业经营者更大的力量来度过低收入时期，且政府不需要增加成本来协助农业经营者。再者对于单一农业产量而言，收益保险制度因同时将产出价格与单位产出结合为一体，故有利于管理及更易被农业经营者所接受。

任何作物保险政策除了面对来自道德风险与逆向选择挑战之外，对产品的价格进行科学的统计性分析同样存在困难[72]，估计价格与农户的产出或者价格与平均产出的相关关系也存在困难[73~74]。收入保险还部分地或者全部地替代传统的稳定农户收入或者支持农户收入的工具，这个替代作用在设计保险时也应予以考虑[75]。在测定收入风险时，美国收入保险计划中采用了一个创新的参数假设，将作物产量保险某一水平的保险费率被用来作为基础风险，并假设产出适用 Beta 分布，利用假设的最大以及最小产出，便可最初获得 Beta 分布的参数。这就产生了一个农场水平上的边际产出分布。假定作物价格服从某一特定的参数分布，这里取 Lognomality 分布（Black Scholes 期权定价模型显示价格风险分布为 Lognomality 分布），利用期权市场提供的直接测定边际价格分布的方法便可得出边际价格分布由边际产出分布、通过测算边际价格分以及假设的价格与产量之间的相关关系，便可得出收入风险。国际上收入保险政策设计与实施的结果显示，收入保险的设计与管理都很困难[76]。从精算学的角度来看，收入保险费率的确定需要准确估计价格风险、产出风险、价格与产出的联合概率密度及其相关关系。

RMA（2004）的数据显示，2003 年收入保险产品的保费收入占总保费收入的 60%，投保面积占总面积的 55%[77]。在 2007 年美国最受欢迎的 6 种农业保险类型中，收入类保险的比例占 40%、集体保险占 21%、巨灾保险占 22%、多灾保险占 17%（USDA RMA，2007）。Makki 和 Somwaru[78]的研究表明，收入保险政策吸引了很多玉米带上的农户投保，这些农户原来投保其他保险产品。Saleem Shaik[79]等根据生产者对价格和产量波动以及其相关性的主观概率分布，经实证分析得出作物保险的需求价格弹性为 -0.40，而在产量保险和收入保险之间做出选择的价格弹性为 -0.76。

Markki 和 Somwaru[78] 根据 1995 ~ 1999 年美国农业风险管理机构保存的单个农场主的保险记录，通过对相应影响保险需求因素的分析，发现许多地区，产量保险已经不再是占有绝对优势的风险管理手段，而收入保险项目不仅吸引更多的农场主参加保险计划，还使许多农场主从产量保险转向收入保险项目。

Sangtaek Seo[80] 利用实际的期权工具分析葡萄生产者进入和退出产业的上限和下限，结果表明，与没有收入保险相比，收入保险降低了进入和退出产业的界限，由此也增加了对农场的投资与运作。如果一项政策的目的是引入更多的葡萄种植者，那么高保障水平高补贴的保险政策是一个有效的选择。

二、国内相关研究

国内与价格风险、价格保险及收入保险相关的研究主要有以下三类：一是对现有价格保险政策及实施效果的研究；张雯丽、龙文军[182] 分析了上海市蔬菜价格保险方案中，理赔金额 = 每公斤综合成本价 × 每亩保险产量（约亩均产量的 70%）×{1 - 保险期间市场日平均零售价/[保险前三年市场同期平均零售价 ×(1 + CPI)]}× 保险亩数，在具体实践中价格保险保障了当年市场价格较前三年同期市场平均价格的波动风险。在具体测算中，并未考虑蔬菜价格波动与蔬菜产量间可能存在的相关关系，当保险期间市场平均零售价不低于前三年同期平均市场零售价格时并不发生赔付，所以蔬菜价格保险并不涵盖因自然灾害造成的蔬菜收入风险。二是有关农产品期货市场价格发现功能的研究。农产品期货市场价格发挥决定着能否利用相应期货合约的期货市场价格描绘其市场风险。马述忠等(2011)[185] 研究发现，我国的大豆期货价格与现货价格间存在着长期均衡关系以及期货对现货价格的单向引导关系；王时芬、汪喆[186] 研究发现，我国大豆期货市场与现货市场间存在长期均衡关系，大豆期货价格与现货价格间存在双向引导关系。我国农产品期货市场发展历史较短，但是包括大豆、棉花在内的农产品期货市场基本实现了价格发现的功能。三是有关收入保险定价的研究。张峭、王克等[183] 以小麦为研究对象分析了我国农业收入保险的必要性及可行性，并基于

2010~2014年6~9月的河北省小麦市场价格数据为基础测算了收入保险的费率。谢凤杰等[184]等基于Copula方法以阜阳市为例进行了收入保险保费的测定。

国内鲜见作物收入保险有关的研究，只有邢鹂[34]分析了中国及29个省市自治区主要粮食产品的生产风险和社会损失率，用经验费率法厘定了不同地区不同作物的保险费率，在费率厘定过程中假设以作物单产服从正态分布为前提进行测算。研究认为粮食作物生产者所面临的风险主要是价格变动，对于经济作物，生产者面临着价格与生产双重风险，但产量的变动更值得关注。王红、柯柄繁[12]的研究中发现，由于农业生产对生物与自然的特殊依赖性，农业产量的风险远高于一般工业制造业。消费者对于农产品的需求弹性低，加上国际市声对粮食的需求极不稳定，使得农产品市场价格受产量影响的幅度较大，这种现象在市场经济体制中，造成农民收入波动很大，这就是农业收入的风险。

综上可以看出，国外的收入保险研究已经取得了较多的成果，其中包括收入保险对于投入要素的影响、收入保险定价问题、收入保险需求问题等，对于收入保险产品的实施过程中的有关问题进行了讨论和分析。当前我国正试图用目标价格保险达到保障农户收益的目的，这种政策本身具有一定的局限性：不能同时分散农业产量及市场风险。收入保险不但可以分散农户的生产风险及市场风险，同时可以弥补价格保险的弊端，具有更好的发展前景。我国的农业收入保险政策在可行性、必要性及收入定价等方面已经具有了一定的研究成果，农业收入保险覆盖的价格风险主要是指农产品市场价格较正常预期水平下降的风险，但是已有的研究中对于价格风险波动的衡量是基于农产品近期多月期货或现货价格数据的，由于对农产品价格风险的刻画能力有限，因此，对于价格风险的度量有待进一步精确。

第六节　农业价格支持政策研究综述

一、国内外对于目标价格支持政策的研究

国内不少研究中已经明确农业目标价格补贴制度属于WTO“黄箱”政策范

畴。对于目标价格制度的思考及实践主要体现在以下几个方面：

一是从机制设计上分析如何实施粮食目标价格制度。通过对我国粮食价格制度改革困局的分析，指出以直接收入补贴为特点的目标价格符合我国粮食价格支持制度改革方向[5~6]。

二是评价现行目标价格政策的效果。农业目标价格补贴政策实施起来难度较大，主要的难点在于农业生产数据库基础薄弱、补贴体系监管难[5~6]等。通过对棉花、大豆目标价格补贴试点效果的分析，发现达到或者在一定程度上实现政策目标的同时，产生了政府财政压力大、执行成本高、腐败、套取价格补贴、短期内增加生产量、补贴对象难落实、补贴面积难统计等问题[2]。另外，也有研究指出，中国的价格支持政策与人民币增值一起使得中国的农产品失去了价格优势，包括谷物、大豆、棉花、生猪等在内的农产品价格明显高于美国[7]。可以看出当前的目标价格政策引致不少负面影响，影响农户生产决策，干预并扭曲市场供给[8]。

三是如何完善我国目标价格制度的相关研究。在对内执行困难、存在诸多弊端，对外还要受 WTO 国内支持总量约束的大背景下，从长期来看，政府应积极探索保障农民收入与农产品市场价格形成相分离的政策，避免走向“高补贴+高价格”的不利局面，这样既可保证农民的收入水平，又可逐渐缩小国内外价差，从而保障国家粮食安全[9~11]。

二、农业支持政策与 WTO

在已有研究中涉及的农业支持政策有保护价收购、差价补贴、价格保险、价格支持等。有研究发现油菜籽保护价收购政策扭曲了国内市场，对国产油料市场需求产生挤出效应，提出在 WTO 微量允许范围内利用另一种“黄箱”政策——差价补贴予以替代[12]。

张峭等[3]指出生猪价格保险属于 WTO 规则中的“绿箱”政策，而政府的目标价格差额补贴政策属于“黄箱”政策，生猪价格保险不会受到 WTO 规则制约。也有学者指出农业补贴政策（包括四大农业补贴、价格支持政策等）与当年的农产品产量或者种植面积等直接挂钩，属于“黄箱”政策，受到 WTO“农业协定”中农业补贴上限的约束，我国的农业补贴中“黄箱”补贴增加空间有限[13]，同时指出农业保险保费补贴属于 WTO 规定的“绿箱”政策，能够免于 WTO“农业协定”的约束。仅有少数研究指出中国现行的目标价格补贴制度仍属于 WTO 农业规则中不可免除的“黄箱”政策，提出我国要通过农产品目标价格补贴政策向目标收入政策、目标收入保险政策过渡[9]。现阶段我国对特定农产品的“黄箱”支持水平大幅上涨，尚未突破微量允许的“天花板”，但此“天花板”已经开始对我国粮食价格支持政策构成实质性约束[14]。提出中国农业政策的调整应当趋向于“绿箱”化和简单化，为了解决当前中国农产品市场的成本“地板”以及补贴“黄线”问题，可以从挂钩补贴脱钩化、建立市场导向以保障农业生产者收入为目标的中国农业安全网[15]。

在已有的研究及实践中农业保险政策、农业保险补贴及支持政策的测量方式以及箱体归属是各不相同的。农业保险按照是否与某特定产品挂钩分为“绿箱”政策或“蓝箱”政策，农业保险支持水平的具体测度办法也根据国别的不同有所不同，主要有以下三种测度方式：按照费率补贴水平（美国 2008 ~ 2010 年、加拿大 2007 ~ 2009 年）、净赔付额（美国 1995 ~ 2007 年）以及净赔付额与补贴后保费费率水平的乘积（加拿大 1995 ~ 2006 年）[16]。美国、加拿大、欧盟等发达国家和地区在向 WTO 提交的报告中将作物保险支出列为“黄箱”政策，印度、巴西将作物保险支出列为“绿箱”政策，日本根据作物保险补贴对象的保障水平在 70% 及以下或 70% 以上分别归为“绿箱”政策及“黄箱”政策（WTO 网站）。对于农业保险的管理及运营费用，除了法国计算在总的费率补贴额内之外，其他国家或者整体忽略或者计入“绿箱”政策（如美国）。中国并未在 WTO 有关报告中明确农业保险支出归为国内支持，并未明确其箱体归属。

综上可以看出，我国当前开展粮食目标价格补贴制度属于 WTO“黄箱”政策，会引起包括财政压力大、库存倒挂、执行成本高等问题，对于粮食价格保险处于政策试点阶段，研究多数集中于建立在试点价格保险方案、方案实施可行性等方面，对于其在 WTO 框架下的归属未有定论。通过将粮食价格保险条款与 WTO 农业协定“绿箱”政策有关条款对比，分析其箱体归属，同时依据粮食价格政策改革目标找出我国粮食价格保险政策调整的方向，对于我国粮食价格政策

改革具有重要的现实意义及政策含义。

第七节 评述

本章先介绍了作物保险的概念，在此基础上对农业保险的理论基础做了简要论述，之后，对国内外农业保险的开发与实施状况以及国内外有关作物保险定价的研究做了详细梳理。

可以看出国外开展农业保险历史悠久，已经得出丰富的开展农业保险的经验，农业保险的品种也较多。像美国这样非常发达的国家开展作物保险，在不同类型的种植方式、作物类型、农户对保费的适应情况、设计不同的保险产品方面已经取得了许多经验，农户参与保险的程度也比较高。世界作物保险市场上存在针对不同类型农户、作物组合的保险产品，许多在农业保险产品开发过程中可能存在的问题已经有了可以借鉴的参考方法，如印度提出的小规模农户以乡为单位参加团体保险等。

国内外在作物产量保险产品定价以及作物收入保险定价方面均已展开了许多有意义的研究，这些研究包括如何测定作物产量分布、如何进行保险定价才能最大限度地避免农业保险的逆向选择问题等。本书正是在总结这些研究经验的基础上，将其进行改进，从保险产品定价以及保险政策优化两个角度对我国现有农业保险体系进行优化研究。

中国是农业大国，中国是世界上人口最多的国家。作物保险的存在可以稳定粮食产量、抑制农户收入波动，对于缓解我国粮食压力、对于农业的可持续发展具有重大影响。政策性农业保险已经涵盖了越来越多的作物品种，但是当前险种以及保额并不能满足农户的需求，尤其是新型农业经营主体的需求。针对我国目前农业保险发展现状，对于现有的保险产品、保险额度进行改进，通过农业保险政策体系改革以适应我国现代化农业改革的步伐是当前农业保险领域亟须解决的问题。

第三章　基于非参数核方法的区域作物产量保险定价

目前，我国正在大力推行的政策性农业保险主要包括作物保险和畜牧业保险两部分。其中，作物保险中的小麦、玉米、水稻等作物保险基本以作物从播种、出苗、生长至成熟期内的产量风险作为保险标的。在我国作物产量保险费率厘定的相关研究中，大多假设作物风险损失服从正态分布[25,32,107]，但对于这种假设的精确性及其替代方法研究较少。鉴于风险概率密度测量的精确性是精确厘定保险费率的基础，是保险产品能否成功实施的一个重要因素，在当前作物保险产品体系尚不健全的情况下，有必要对以正态分布为基础的费率厘定方法的精确性进行检验，并提出改进方法。

本书选择区域产量保险产品进行保险费率厘定分析。这是因为，根据 Goodwin 和 Smith[108]的研究，国内外许多作物保险在实施过程中作物保险的损失率较大，有时甚至大于 1（World Bank）的原因主要是保险在实施过程中存在逆向选择和道德风险。区域产量保险是按照一个地区（如一个县、市、省）的历史单位面积产量数据计算保险费率。农户按照一定的投保水平（如预期产量的 70%）购买保险。如果最终整个区域的平均产量低于预期产量，那么所有投保农户都将得到相应的赔付。这种区域性产量保险在减少道德风险方面具有一定的优势，因为从理论上来讲，不可能发生所有的农户通过勾结或串通等活动对整个地区的平均产量产生影响的现象[109]。Skees，Hazell 和 Miranda[110]对已有保险产品相关研究进行的总结，也提出以地区性产量、降水、土壤湿度等为指标的保险合同在控制道德风险及逆向选择的监督成本、管理成本较少，同时这种保险也适用于土地面积较小的农户。

本章以全国19个省稻谷、小麦、玉米及大豆四种作物为基础，测算其区域产量风险并测算对应的保险费率。分析过程如下：首先，对单产序列数据进行预处理后，分别采用正态概率密度及非参数核密度方法测定全国19个省稻谷、小麦、玉米及大豆四种作物相对气象产量的概率分布，并以此为基础计算出各省不同保障水平下不同作物的区域产量保险费率；其次，在测定损失分布及厘定费率的基础上，对两种方法的测算结果进行了比较、检验；最后，针对我国当前正在实施的政策性农业保险提出相应的建议。

第一节　区域产量保险定价的理论基础

一、研究背景

包括作物保险和畜牧业保险在内的政策性农业保险正处于试点实施阶段，以省或市为基本单位展开的政策性作物保险试点的投保作物，以关系国计民生且对农业和农村经济、社会发展有重要意义的作物为主，主要包括水稻、小麦、玉米、大豆以及棉花等，有的地区也开展了果树以及温室大棚等的保险；保险费率基本上是一个地区（省或市）实行一个统一的费率，水稻、玉米及小麦的保险费率基本处于4%～7%，单个地区的保险费率基本只有一个等级；几乎所有的保险产品中都规定了15%～30%不等的免赔率，保险金额以作物生长过程中花费的物化成本为基础；保险责任大都规定为人力无法抗拒的自然灾害，仅四川省巴中平昌县的保险条款对旱灾区别对待，开展了旱灾附加险；提供农业保险的保险公司包括专业性的农业保险公司（如黑龙江省的阳光农业相互保险公司）也包括商业保险公司（如中国人民财产保险股份有限公司），对于农业巨灾赔付一般都有按保费总额实施几倍封顶的规定。

中央政府以及各级地方政府在农业保险的实施过程中起着积极的引导及推动作用。一方面，各级政府对政策性作物保险保费实施补贴，补贴范围在75%～

90%，引导农户参加农业保险的积极性；另一方面，各省政府为农业保险公司提供保障，如山东省政府文件规定从保费中按一定比例提取巨灾准备金，有些地方政府与保险公司采用“联合共保”的模式实施作物保险，而以苏州为代表的“委托代办”方式中江苏省政府对保险赔款实行政府兜底的政策。

农户面临着多变的生产风险，渴望更多满足实际需要的保险产品。虽然各级政府以及各家保险公司在提供保险产品、作物保险补贴以及实施灾后赔付方面发挥着极其重要的作用，但是，面对我国农业规模小、生产分散的特点，精确有效的保险产品开发以及保险体系的建立仍有待进一步研究。

二、研究方法剖析

测定作物生产风险的概率密度是费率厘定的基础。国内外作物产量风险概率密度的分析方法有很多种，根据这些方法是否基于已知的参数分布，可以将其分为参数法及非参数法。

参数法测定风险首先假设作物单产服从某一分布族 $f(x, \theta)$，$\theta \in \Theta$，$f(\cdot, \theta)$ 的形式完全已知，然后根据已有的数据对该分布函数中的参数 θ 进行估计。

多数作物产量分布研究均采用参数法，如 Botts 和 Boles[111] 在假设作物产量服从正态分布的基础上进行作物产量风险和费率的测定。Day[112] 在研究作物产量分布时认为作物产量适合用有负偏的 Beta 分布来拟合。Gallagher[113] 以美国的大豆产量分布为例说明，作物产量分布可能是非对称的负偏分布，他提出采用正态分布来进行费率厘定存在的不合理性，进而改用 Gamma 分布函数对大豆产量分布进行了模拟。Nelson[114] 以美国玉米产量分布为例再次证实了作物产量分布是负偏的，并利用 Beta 分布对作物产量分布进行拟合。自从我国重新开办农业保险以来，利用精算技术进行作物保险产品开发的实证研究多利用参数法进行研究。庹国柱、丁少群[30] 在风险分区的基础上，以正态分布为基础计算了各风险区域的费率；通过与当时泾阳县实施的棉花综合保险进行比较，认为实际实施的保险费率偏低，并提出对不同风险水平的乡镇实施同样的费率导致费率结构不合理。刘长标[115]、邢鹂[107] 在假设作物产量为正态分布的基础上，测定了作物区域产量保险的费率。王克、张峭[116] 利用参数估计法对我国东北三省稻谷、玉米、

大豆的产量风险进行了评估，结果表明三省的稻谷产量、辽宁的大豆和玉米产量、黑龙江的玉米产量皆不服从正态分布，存在负偏性。

虽然利用参数法进行作物产量分布概率模型的拟合具有一定的灵活性，但是这类参数方法需要已知的先验分布，有可能会因为模型选择、拟合不精确等原因导致费率厘定结果出现问题，如参数法估计单产的概率模型可能忽略数据本身涵盖的某些信息（如概率密度的左部厚尾以及其可能存在的非单峰性），而这必须在保险费率的测算过程中给予充分重视[109]。针对我国大多假设作物产量服从正态分布的情况，王克、张峭[117]提出，实际的单产数据的分布并不都是关于均值对称，而是经常向一侧偏斜；在生产力水平的约束下，作物单产上升幅度存在上限，而作物产量损失的下限则为0，故作物历史单产概率分布有偏，从而假设作物单产服从正态分布存在不合理性。

在不能断定作物单产属于某一分布族时，或者虽能断定其属于某一分布族，但又不能确认具体的分布函数 f(· , θ) 时，便要考虑到非参数方法。Turvey 和 Zhao[59]利用非参数统计量测定了农场水平的作物产量分布并进行了费率厘定；Goodwin 和 A. P. Ker[109]利用非参数方法以县、州为单位进行了小麦、玉米等作物产量分布的测定，并厘定了费率；王丽红[118]等利用非参数核密度法以河北省安国市为例，对玉米区域产量保险的费率进行了实证研究。

非参数核密度估计的特点在于，这种方法仅仅以数据为基础，不需要估计任何参数。非参数法比较灵活，可以显著的显示作物产量分布的厚尾、有偏等局部特性[109]，能在一定最优准则下，很好地跟踪样本，即能很好地“修均”，具有误差小，适应性强的特点。它本身可作为密度估计，同时也为我们探索数据结构，分析数据规律，剔除异常值和寻求参数密度估计，特别是 f(· , θ) 的形式，提供有力的理论和直观依据[119]。

第二节　数据来源及其处理

本章选定安徽、北京、福建、广东、广西、河北、河南、黑龙江、湖北、湖南、吉林、江苏、江西、辽宁、山东、上海、四川、天津、浙江19个省市的稻谷、玉米、小麦以及大豆四种作物的历年单位面积产量数据，利用非参数核函数平滑法测定单产概率密度，并在此基础上进行保费费率厘定。

采用的产量资料包括全国19个省1985～2007年的历年粮食作物单位面积产量，所有数据均来自历年《中国统计年鉴》（1986～2008）。大连市数据来自《大连统计年鉴》（1995～2008）。

由于作物单产中可能包含着时间趋势以及异方差、自回归等特性，所以原始的作物单产数据不具有独立同分布的性质，本书首先对作物单位产量原始数据进行处理、调整，之后再估计其概率密度。

参照邓国[120]的研究，本书将粮食单产Y分为反映生产力水平的趋势产量Y_t以及受以气象要素为主的短周期变化因子影响的气象产量Y_w，其中，$Y_w = Y - Y_t$。在此基础上求出相对气象产量x，$x = Y_w / Y_t$；相对气象产量是一个相对比值，在空间和时间上具有可比性。

对原始单产序列进行ADF平稳性检验结果表明，绝大多数单产序列加入常数项以及时间趋势后平稳。

本书采用直线滑动平均模拟法计算趋势产量Y_t。直线滑动平均法[28]是一种线性回归模拟与滑动平均模拟相结合的模拟方法，在模拟过程中，它将时间序列按一定步长分割成若干时段，在该时段内将单产对时间回归，该直线随时间推进不断改变位置，依次求各时段内的直线回归模型，后将每一时间点上的回归拟合值进行平均，确定为该时点上的趋势值，从而反映序列历史演变趋势的连续变化。

本书中所有的数据处理以及概率密度估计、保费厘定程序均采用MATLAB 7.6运行。平稳性检验采用SAS 8.e软件运行。

第三节　非参数核密度费率估计方法

一、保险费率估计

为了最终确定保险产品的费率，首先，测算风险发生的概率。例如，假定作物相对气象产量服从正态分布 $X \sim N(\mu, \sigma^2)$，为了确定预期损失水平为15%的保险合同的费率，应计算预期相对气象产量 x 低于 -0.15［μ 为假设相对气象产量服从正态分布时的均值 E(X)］的概率，这个概率就是密度函数在［-1，-0.15］的面积。

Goodwin[109]在测算概率分布的基础上，通过公式（3-1）来计算预期损失：

$$\text{Expected Loss}(y) = \text{prob}(y < \alpha \hat{Y})[\alpha \hat{Y} - E(y \mid y < \alpha \hat{Y})] \tag{3-1}$$

式（3-1）中，α 为保障水平，$\alpha \in (0, 1]$，$(1-\alpha)$ 为免赔率，$\hat{Y}$为预期产量。

根据公式（3-1），假设 β 为实际发生的单产与预期单产水平的偏离（波动）程度，$\beta \in [-1, 1]$，$(1-\beta)$ 为作物的损失水平，本书通过测算实际单产分布函数计算出预期损失率：

$$\begin{aligned}\text{Expectedlossratio}(x) &= \text{prob}(x < \beta)[\beta - E(x \mid x < \beta)] \\ &= \int_{-1}^{\beta} f(x)dx\left[\beta - \frac{\int_{-1}^{\beta} f(x)xdx}{\int_{-1}^{\beta} f(x)dx}\right] = \int_{-1}^{\beta}(\beta - x)f(x)dx\end{aligned} \tag{3-2}$$

按公式（3-2）计算出的不同保险水平的损失率即可以作为保险产品的保险费率如公式（3-3）所示：

$$\text{Premium} = \frac{1}{\beta}\int_{-1}^{\beta}(\beta - x)f(x)dx \tag{3-3}$$

二、非参数核密度估计

经典的非参数密度估计方法有直方图法、核函数平滑法（Kernel Function

Smoothing)、最近临估计法（Nearest Neighbor Smoothing)、正交系估算法（Orthogonal Series Estimator)。本书采用核函数平滑法（Kernel Function Smoothing）进行非参数概率密度的测定，具体估计方法如下[121]：

对于 n 个独立同分布的观测 $X=(X_1, \cdots, X_n)$，X 的分布密度的核估计量为：

$$\tilde{f}(x)=\frac{1}{nh}\sum_{i=1}^{n}K\left(\frac{x-X_i}{h}\right) \tag{3-4}$$

$\tilde{f}(x)$ 为总体未知密度函数 $f(x)$ 的核估计，$K(\cdot)$ 为核函数，h 为窗宽，n 为样本容量。比较常用的核函数有 Gaussian、Epanechnikov、Uniform 等，在本书的估计中统一适用 Gaussian 核，该函数的表达式如下：

$$K(x)=\frac{1}{\sqrt{2\pi}}\exp\left(-\frac{x^2}{2}\right) \tag{3-5}$$

在核密度的估计过程中一个重要任务是估计窗宽 h，h 的大小决定了赋给相邻观测值的权重，由此也就决定了估计结果的平滑程度。一般来说，h 越大估计出的曲线越平滑。常用的选择窗宽的法则有 SROT（Silverman's Rule of Thumb)、SJPJ（Sheather－Jones Plug－in)、SNR（Simple Normal Reference）和 OS（Oversmoothed）方法，本书采用常用的 SROT 方法。

SROT 按照 AMISE 统计量（Asymptotic Mean Integrated Squared Error）最小选取最优窗宽，其窗宽具体运算方法如下[121]：

$$h_{SORT}=0.9An^{-1/5} \tag{3-6}$$

其中，A＝min（样本标准差，样本四分位距/1.34)。

第四节　非参数核密度法作物区域产量保险定价结果

为了清楚地表达非参数核密度估计的具体原理，本书首先对黑龙江省玉米的相对气象产量进行了详细分析，结果如图 3－1 所示。图中包括了正态概率密度

曲线、非参数核密度曲线以及图片的底部每个数据点上的高斯核密度曲线，将所有的高斯核密度相加，便得出了整合的非参数核密度曲线。

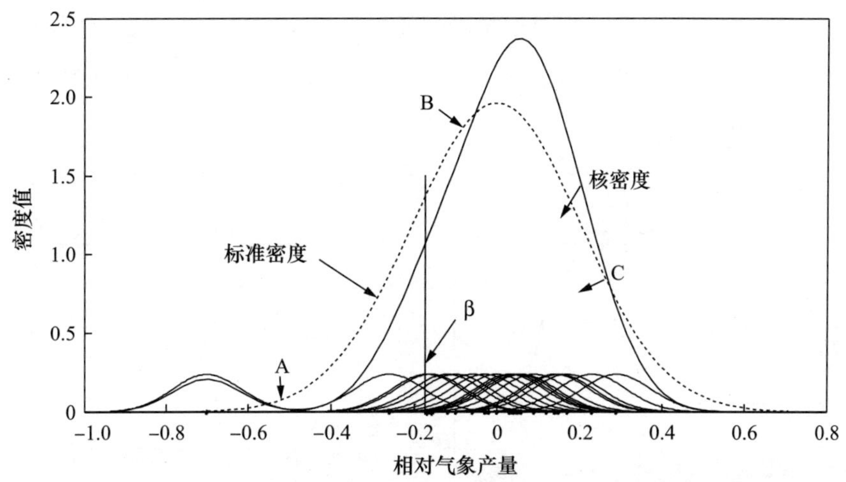

图 3－1　黑龙江省玉米相对气象产量分布非参数核估计

图 3－1 中，虚线表示正态概率密度曲线，实线表示核密度曲线。由图 3－1 可以看出，非参数法计算出的密度曲线与正态分布曲线存在着明显的差异。计算保险费率的基础是在［－1，β］（β 为损失水平）上对概率密度函数进行积分，然后再乘以某常数。从图 3－1 来看，即损失水平 β 左侧概率密度曲线下方的面积。概率密度曲线的估计结果不同，将直接导致保险费率的不同。两种方法估计出来的概率密度曲线交于 A、B、C 三点。交点 A 左侧，正态概率密度曲线低估了实际的风险，可以导致正态分布法测出的保险费率偏低。A 与 B 两点间，正态密度曲线高于核密度曲线，当投保的损失水平 β 由 A 点往右方移动时，两种方法计算出来的保险费率差异将发生变化。

图 3－2 是从 19 个省中随机抽出的 8 个不同省份作物单产正态概率密度及非参数核密度图，其中实线部分是非参数核密度函数，虚线的是对应的正态概率密度曲线。总体上来看，各非参数核密度曲线形态均有所不同。图 3－2 中的非参

数核密度曲线均比较平滑，较好地显示了相对气象产量的分布性质，非参数核密度曲线显示出包括左端厚尾、有偏性以及非单峰性在内的不同性质，湖南省的玉米相对气象产量核概率密度显示出正偏性，四川省的大豆、福建省的大米以及广东省的玉米的相对气象产量核概率密度分布函数峰度明显大于正态分布函数。若简单的假设作物相对气象产量服从正态分布，并以此为依据进行保险费率的制定，可能会产生较大误差。

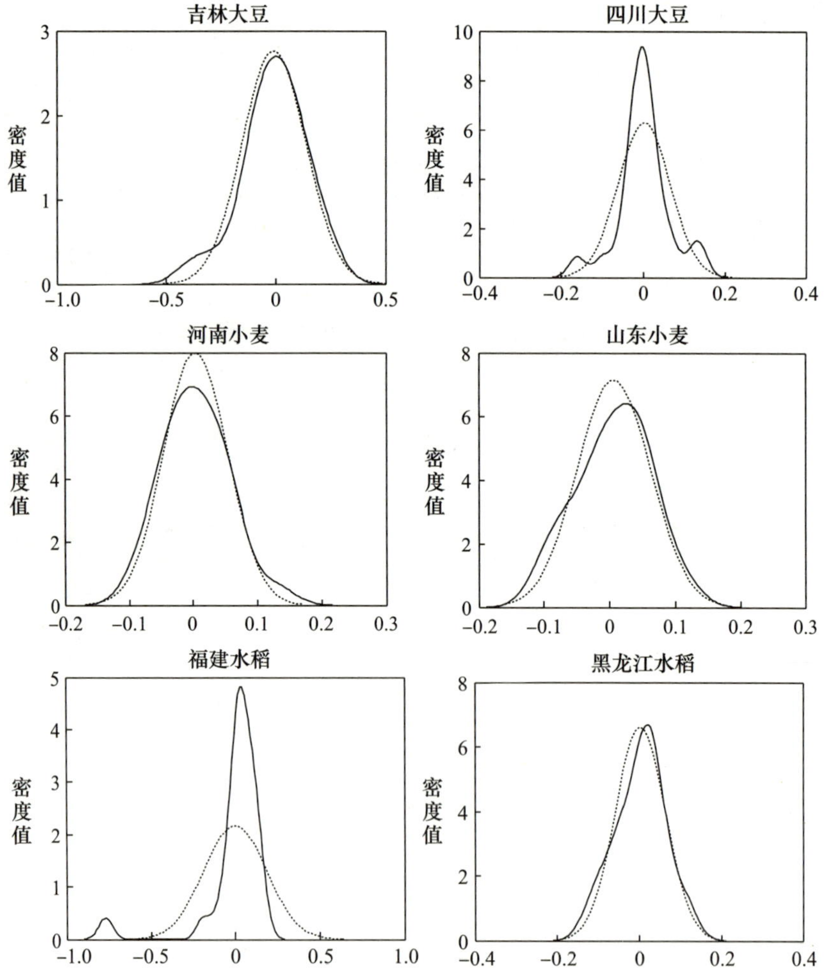

吉林大豆

密度值

3
2
1
0
−1.0 −0.5 0 0.5

四川大豆

密度值

10
8
6
4
2
0
−0.4 −0.2 0 0.2 0.4

河南小麦

密度值

8
6
4
2
0
−0.2 −0.1 0 0.1 0.2 0.3

山东小麦

密度值

8
6
4
2
0
−0.2 −0.1 0 0.1 0.2 0.3

福建水稻

密度值

5
4
3
2
1
0
−1.0 −0.5 0 0.5 1.0

黑龙江水稻

密度值

8
6
4
2
0
−0.4 −0.2 0 0.2 0.4

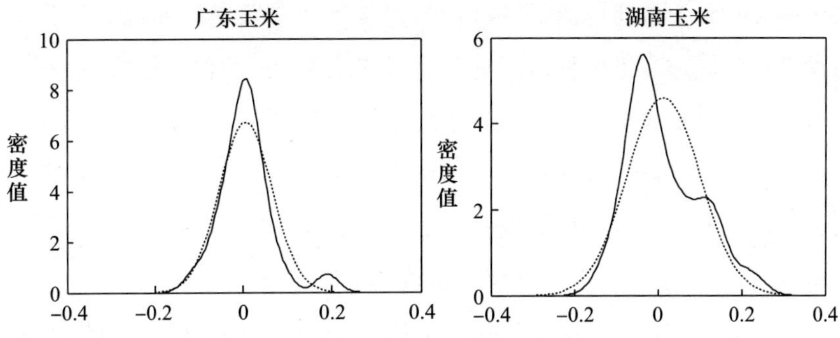

图 3－2 省级作物单产核密度估计

在比较了利用非参数核密度与正态概率密度的区别后，本书对两种概率密度基础上计算出的保险费率进行比较，结果如表 3－1 所示。

表 3－1 采用核密度函数与正态概率密度函数测定的保险费率

保障水平	大豆			小麦		
百分比（%）	核密度	正态密度	t 值	核密度	正态密度	t 值
90	2.2558	1.8347	0.41	1.5927	1.1753	3.97*
85	1.3502	1.0671	0.17	1.0970	0.6791	3.07*
80	0.7957	0.6396	−0.08	0.7687	0.3764	2.41*
75	0.4813	0.4168	−0.24	0.5327	0.1962	2.06*
70	0.3190	0.2943	−0.31	0.3617	0.0962	1.98*
保障水平	水稻			玉米		
百分比（%）	核密度	正态密度	t 值	核密度	正态密度	t 值
90	1.0425	0.9489	2.49*	1.7410	1.3031	−2.51*
85	0.8598	0.5360	3.96*	1.0948	0.6954	−3.27*
80	0.7360	0.2903	3.25*	0.6994	0.3734	−4.02*
75	0.6396	0.1497	2.86*	0.4521	0.1994	−3.12*
70	0.5608	0.0733	2.69*	0.3071	0.1062	3.97*

注：配对 t 检验的原假设为正态法与非参数核方法测算的费率间的差异为 0。
*表示在 5% 的显著性水平下，核密度法与正态密度法测定的保险费率存在显著的差异。

表3－1为19个省四种作物区域产量保险纯保险费率的加权平均费率，t值为不同省份不同保障水平两种保险费率均值的配对t检验值。保险费率中不包含管理费用、巨灾准备金等相关费用。从计算的结果来看，以正态分布为基础计算的保险费率与采用非参数方法计算的保险费率存在一定的相似性。表3－1中约56%的非参数核密度方法计算的保险费率大于正态概率密度计算的费率，加权平均后的20对保险费率中，以正态概率密度为基础测定的保险费率均低于非参数法测定的费率。用配对t检验对采用两种方法计算的不同保险水平的费率均值进行差异性检验，结果显示75%的费率在5%的水平下存在显著性差异，这说明如果按照正态分布假设进行保险费率厘定可能低估了风险。

本章中计算的保障水平处于70%～90%时，采用非参数核密度方法计算得到的保险费率明显低于现行的政策性农业保险费率（现行政策性农业保险费率中水稻、小麦、玉米的保险费率在4%～7%）。究其原因，可能是以省为单位计算区域产量保险费率，使得小区域风险在全省范围内进行分散。地区性的风险可能不足以引起全省单产的变动，使得局部性的风险不能在全省的风险密度函数中得以反映。由此，以更小区域（如市、县为单位）进行费率厘定可能更精确。表3－2为以辽宁省大连市1993～2007年的单产数据计算的玉米、水稻、大豆的保险费率。

表3－2　大连市核密度与正态概率密度函数测定的保险费率

保障水平	大连稻谷		大连玉米		大连大豆	
百分比（%）	核密度	正态密度	核密度	正态密度	核密度	正态密度
90	1.1100	0.6300	5.6300	3.8500	6.3800	5.1600
85	0.5500	0.1800	4.1800	2.5200	4.9400	3.6100
80	0.2300	0.0418	3.0500	1.5800	3.7800	2.4300
75	0.0651	0.0073	2.2000	0.9400	2.8400	1.5800
70	0.0093	0.0010	1.5700	0.5400	2.0900	0.9900

大连市玉米、大豆的保险费率明显高于同等保障水平下19省的平均保险费率，也高于辽宁省的保险费率；大连稻谷的保险费率略低于19省的平均水平，

但高于辽宁省的稻谷保险费率水平。以此例，可以反映出局部地区的单产风险与大区域的风险存在较大的差异，以市或县为保险费率厘定单位，比以省为保险费率厘定单位进行测算可以更充分地反映局部风险造成的作物单产损失，算出的费率更贴近实际水平。

第五节　本章小结

本章采用非参数核函数平滑法估计了 19 个省市的稻谷、玉米、小麦和大豆的历年相对气象产量的概率分布并计算了相关保险费率，主要结论如下：

（1）非参数核密度法与正态法估计的相对气象产量的概率密度存在显著的差异。多数的非参数概率密度中均存在着左部厚尾性、有偏性，有不少非参数概率密度显示出非单峰性。假设作物单产服从正态分布来估计产量风险的做法，可能会低估风险。

（2）本章在估计非参数核密度以及正态概率密度的基础上厘定了 19 个省四种作物的保险费率。约 56% 的以正态概率密度为基础计算出来的保险费率小于非参数核密度计算出的保险费率，其直接原因可以认为是正态分布由于忽视了厚尾、非对称性等特征，低估了作物的生产风险。虽然两种方法计算的费率间存在一定的相似性，但是通过配对 t 检验发现两种方法下计算的保险费率在 5% 的显著性水平下存在明显的差异。

（3）按不同的保障水平计算了作物区域产量纯保险费率。一方面，本章以地区性单位面积产量数据为基础计算的区域产量保险费率适合中国农户规模小、经营分散的国情。另一方面，区域产量保险可以有效节约管理、运营费用，对促进我国政策性农业保险事业的发展有重要意义。

（4）以市或县为费率厘定单位更适合我国的国情。文中计算的 70% ~90% 保障水平下的纯保险费率均明显小于现行的 4% ~7% 的政策性农业保险作物的保险费率。究其原因可能是本书以省为单位厘定保险费率，所选用的区域过大，不能充分反映引起区域单位产量变动的风险所致。本章以辽宁省大连市的历史单产数据为例进行费率厘定的结果支持这种观点。

（5）本章以省级作物单位面积产量为基础进行保险费率的测算，这意味着所有农户的生产行动均为风险分析的对象。在具体实施保险的过程中，若为数不少的生产水平较高或面临较低风险的农户不参加保险，而作物保险精算部门继续利用区域单产进行费率厘定将会低估参保农户面临的风险。因此，确保一定百分比的农户参保，也是有效实施农业保险的一个重要措施。

第四章　粮食市场价格波动风险分析

第一节　研究的理论基础与方法选择

农产品价格是近期受到广泛关注的话题。2010 年社会上受到广泛关注的“蒜你狠”“豆你玩”“糖高宗”“玉米疯”及“姜你军”等词体现着包括粮食价格在内的农产品价格正在深入影响着每个人的生活。粮食的有效供给与市场稳定关系到国民经济的健康发展及社会的稳定。粮食价格受到市场供求、天气、国际经济形势等诸多因素的影响，价格波动已经成为粮食生产所面临的主要风险之一。因此，研究粮食价格的波动特征成为世界各国关注的热点问题。国内外学者也对此展开了大量的工作，其中，主要以粮食价格波动为研究对象，以时间序列定量分析和以经济学基本理论为基础的定性讨论为研究内容。

在国家放开农产品市场价格的情况下，有关价格波动的信息对于农户以及农业相关企业来说，是很重要的。虽然国家已经对农产品价格实施了一系列的补贴及支持政策，市场价格波动越大农户收入产生波动的可能性也就越大。农户根据价格的波动情况不断对其农产品种植面积做出调整，如果年度总种植面积波动比过去年份更加明显的话，这种情况会加剧价格的波动。但是在没有种植约束的情况下，如果农户能够更理性地对待市场信号则价格波动可能会减小[71]。

Jian Yang[122]等通过 GARCH 模型研究美国市场导向的 1996 FAIR 法案实施前后农产品价格波动情况是否发生明显变化，结果表明，农业市场自由化政策增加了主要谷物（玉米、大豆及小麦）的价格波动性，橡胶价格波动性有较小变化，棉花价格波动性减小，其研究结果与 Ray[123] 等通过模拟法研究的结果相似，Ray 的研究认为，FAIR 的实施，加剧了市场价格的波动性，但与 Crain 和 Lee 等通过对小麦市场的观察得出的结论形成鲜明的对比[124]。

马正兵[125]等研究了小麦及大豆现货价格与期货价格的相关关系，研究我国农产品期货市场的价格发现功能。王川[126]研究的结果表明：大豆、玉米的期货与现货价格的关系比较密切，期货价格对现货价格发挥了一定的作用。相比之下，受国家粮食价格政策等影响，小麦期货价格对现货价格所起的作用较小，小麦期货市场的价格发现功能也较弱。易蓉[127]等在其研究中指出，随着我国期货市场的不断发展，期货市场与现货市场的融合程度显著提高，玉米、大豆及小麦等农产品期货价格与现货价格相关性都在 95% 以上。

GARCH 模型在金融资产序列波动率的模拟和金融风险 VaR 的试题中，都有着广泛的应用。徐炜[128]等比较研究了 RiskMetrics 及 GARCH 族的 11 种模型分别在正态分布和 Skewed – t 分布下的 VaR 值的精确程度，同时对向前一步预测的 VaR 值进行了失败率检测法和动态分位数测试，结果发现 Skewed – t 分布较好地拟合了金融资产的厚尾特性。

卢锋[129]等通过对粮食市场价格与国内通货膨胀关系的研究发现，无论从长期还是短期意义上，通货膨胀变动都领先市场粮价变动，因而通货膨胀对粮价具有格兰杰意义上的因果关系，反之则不成立。通货膨胀冲击在一定时期内会正向改变真实粮价，当粮价对通货膨胀冲击做出反应时会发生过度调节[130]作用。冯云[131]通过对粮食市场价格指数的研究，基于 ARCH 类模型分析了我国粮食价格波动的特征，并以此为基础分析了引起我国粮食价格波动的原因。何蒲明[132]等认为，我国粮食产量与价格波动大，且价格波动比产量波动更大，对国家粮食安全造成了不利影响；产量与价格有密切的关系，价格是产量变化的原因。石俊敏[133]等测算了能源价格波动与粮食价格波动之间的关联，检验表明，能源价格上涨及其带来的化肥价格上涨和劳动力成本上升所导致的成本驱动效应占粮食价格实际上涨幅度的28% ~51%，粮价上涨更多的是由于供需失衡所引起的短期价格波动所致。罗万纯[134]等基于 ARCH 类模型对中国粮食价格波动进行了分析，发现小麦和玉米价格有显著的集簇性，小麦价格波动有非对称性，小麦市场和玉米市场没有高风险高回报的特征。罗锋、牛宝俊等[135]对小麦、大米、玉米及大豆等四种农产品价格波动的主要影响因素及其影响程度进行了详细分析，认为国内粮食价格波动主要受农业生产资料价格推动和自身价格滞后的影响。国际价格波动只对大豆价格影响较为显著。

综观相关研究可以发现，国内相关的研究对于价格波动的特征、波动的影响因素以及各影响因素引起波动的程度均进行了分析，但是粮食价格波动程度本身的研究较少，波动程度本身对于农民制定生产决策，国家制定相关农业生产政策均有重要的意义。由于农产品价格具有均值回复的性质[127]，所以农产品价格波动有一定的规律性，可以用时间序列相关模型进行刻画。

我国现有的关于农产品市场风险的研究包括主要风险因素分析、对农业的影响、相关宏观政策体系研究、风险预警及其模型研究以及风险预控等。在小麦、水稻等主要农产品最低收购价政策支持背景下，通过实证方法研究农户面对的价格波动风险，可以对我国农业生产者价格波动程度进行研究。由于 VaR 风险价值法可以对市场中的参与者所面临的整体市场风险进行刻画，可以对市场所面临的未来风险进行度量，其原理是通过对历史数据进行分析拟合建立数学模型，在此基础上预测所分析对象的风险价值。本章将 VaR 的定义引入粮食价格的波动性研究中来，以 ARCH 类模型为基础，测量单位重量的农产品价值在某一置信水平下价格上升（下降）的可能性到底有多大。

第二节　模型简介

一、VaR 概述

VaR（Value at Risk）即“风险价值”，其含义是指在一定概率水平（置信度）下，某一金融资产或证券组合的价值在未来特定时期内的最大可能损失。

VaR 作为一种风险管理手段，不仅可以作为金融管理和评估风险的工具，还可以作为有关部门评估资产市场风险的手段。VaR 已经成为经济与金融系统中刻画风险的重要指标，该方法与传统的风险测量技术相比，具有更大的适应性和科学性，正在成为金融风险管理的国家标准[136]。

Artzner[137]等最早给了 VaR 的数学定义：

$$VaR = -\inf[y \mid Pr(\Pi \leqslant y) > 1 - c] \tag{4-1}$$

其中，Π 表示资产组合的未来损益，c 表示置信水平，$\inf\{y \mid A\}$ 表示使 A 成立的全体 y 组成集合的下确界。根据上述定义，VaR 就是对应于置信水平 c 损益分布的下分位数，其计量的资产组合的下方风险。如果假设资产或资产组合的初始价值为 W_0，收益率 r 的期望值为 E(r)，给定一定置信水平 α，则资产组合的 VaR 可以被定义为资产或资产组合的预期价值与最低价值之差：

$$VaR = W_0[E(r) - r_\alpha] \tag{4-2}$$

假设初始价值 $W_0 = 1$，上式变为

$$VaR = E(r) - r_\alpha \tag{4-3}$$

根据式（4-2）计算的 VaR 相当于用收益率表示的相对损失，不妨称之为收益率 VaR。

根据上述定义，假设收益率 r 的概率分布为 P，只要计算出收益率的期望值 E(r)，并用 $P(r > r_\alpha) = 1 - \alpha$ 计算出置信水平 α 下的最小收益率 r_α，就可以计算出收益率 VaR。

以未来资产价值的期望值为参照，VaR 的基本计算公式为：

$$VaR = \sigma z_\alpha \sqrt{\Delta t} \tag{4-4}$$

上式中假设资产初始值为 1，σ 为方差，z_c 为下分位数，Δt 为资产持有期。

由于资产收益率样本数据一般具有尖峰、厚尾和集聚性特征，单单依靠传统的 VaR 的定义测量资产的市场风险价值具有一定的困难，也带有一定的不准确性。所以通过包括 GARCH 模型在内的其他计量经济学模型得到条件异方差，取代 VaR 定义中的无条件方差，更多地关注资产收益的尾部特征，可以提高 VaR 的估计精度。

用 VaR 方法来测定粮食市场价格风险的优点在于：首先，VaR 可以测量粮

食市场价格的总体风险；其次，VaR 方法可以为测量市场风险提供一种统一的方法，这种方法可以为政府有关监管部门或者保险公司提供统一的标准，适宜用于风险监管；最后，由于 VaR 的定义易于理解，概念简单，可以给出在一定置信水平下粮食市场价格的最大下降幅度。通过这种定性计算得到的结果，比较适合生产农户、粮食企业以及政府有关部门了解粮食市场价格的风险情况，为保险公司建立作物收入保险提供可以参考的前提。

二、GARCH 模型简介

1982 年著名计量金融学家恩格尔（Engle R.）提出 ARCH（Autoregressive Conditional Heteroscedasticity Model）模型，后由 Bollerslev T. 发展成为 GARCH（Generalized ARCH）模型，这些模型被广泛地应用于经济学的各个领域，尤其是金融时间序列分析之中[106]。Bollerslev，Ray 和 Kenneth[138] 集中探讨了各种异方差模型。本章依据样本数据的特征确定更精确的模型参数以后，根据 ARCH 类模型预测条件方差，在此基础上计算 VaR 值。

张世英[139] 等综述了国内外 ARCH 模型领域的研究成果，将 ARCH 族模型归纳为一个体系。沈虹[140] 等选取 M2 同比增长率为供应量的增长指标，利用 ARCH－GED 模型研究了倾向增长对期货价格波动的影响，最终结论得出，货币供应量的增长会加剧期货市场的波动，从而流动性过剩对期货市场产生影响提供了有力证据。

一般的 GARCH 模型可以表示为：

$$r_t = c_1 + \sum_{i=1}^{R} \phi_i r_{t-i} + \sum_{j=1}^{M} \theta_j \varepsilon_{t-j} + \varepsilon_t \tag{4-5}$$

$$\varepsilon_t = u_t \sqrt{h_t} \tag{4-6}$$

$$h_t = k + \sum_{i=1}^{q} G_i h_{t-i} + \sum_{i=1}^{p} A_i \varepsilon_{t-i}^2 \tag{4-7}$$

其中，h_t 表示条件方差，u_t 表示独立同分布的随机变量，h_t 与 u_t 互相独立，u_t 表示标准正态分布。式（4－5）称为条件均值方程，式（4－7）称为条件方差方程，说明时间序列条件方差的变化特征。

一般地，在标准的 GARCH 模型中，将 u_t 假设为正态分布，为了适应收益率序列经验分布的尖峰厚尾特征，也可假设 u_t 服从其他分布，如 Bollerslev[141] 假设收益率服从广义 t－分布，Nelson[142] 提出的 EGARCH 模型采用了 GED 分布等。

本章中，为了更准确地捕捉收益率序列的尾部特性，引入广义误差分布（GED）[136]。本章选用 GARCH（p，q）－GED 模型来估计收益率的条件异方差性。

GED 是一种更为灵活的分布，通过对参数的调整可以拟合不同的情形，其概率密度函数为：

$$f(u_t, v)=\frac{v\exp(-0.5\,|u_t/\lambda|^{v})}{\lambda 2^{[(v+1)/v]}\Gamma(1-v)} \tag{4-8}$$

其中，$\Gamma(\cdot)$ 为 Garmma 函数，v 为自由度，y 为待研究的时间序列数据，$\lambda=[2^{(-2/v)}\Gamma(1/v)/\Gamma(3/v)]^{1/2}$，λ 为尾部厚度参数。当 $v<2$ 时，GED 为厚尾分布，当 $v>2$ 时，GED 为瘦尾分布，当 $v=2$ 时，GED 退化为正态分布。

第三节　数据来源及其统计性分析

一、数据来源

自 1993 年 3 月全国人大八届一次会议规定我国政府逐步放开粮食购销价格，市场才参与到农产品的价格形成过程中来。粮食市场引入市场竞争后，农业生产者面对的风险不仅包括作物产出的风险，还包括市场价格波动导致的金融风险。这些风险相互影响，使得粮食市场的风险预测和控制变得十分复杂。因此，在近 30 年来的农产品年度价格中，有相当一部分为政府控制下的价格，不能全面反映农产品所面临的价格风险。所以，本书使用的数据为 2000 年 1 月～2010 年 10 月的农产品集贸市场月度价格数据（元/公斤），其中，2008 年 12 月以前的数据来自国研网，2009 年 1 月以后的数据来自商务部网站，如表 4－1 第 2、第 4 列所示。第 t 月的价格收益率（$rcron_t$，$rwheat_t$）为相邻月份粮食价格 p_t 取对数后的差，如式（4 –9）所示：

$$r_t = Ln(p_t/p_{t-1}) \tag{4-9}$$

将表中现货数据 $P_{1,t}$、$P_{2,t}$，分别代入式（4 –9），计算月度价格的收益率，列于表4 –1 的第3、第5 列。后面用于价格风险估计的数据均是经过对数差处理之后的月度收益率数据，通过对数差处理，可以将原月度价格数据变为平稳序列数据。

表4 –1　玉米、小麦月度价格及收益率

月份 t	小麦	收益率	玉米	收益率
	$P_{1,t}$	$rwheat_t$	$P_{2,t}$	$rcorn_t$
2000. 01	1. 12	—	0. 85	—
2000. 02	1. 09	-0. 03	0. 85	0. 00
2000. 03	1. 05	-0. 04	0. 84	-0. 01
2000. 04	1. 04	-0. 01	0. 82	-0. 02
2000. 05	1. 00	-0. 04	0. 84	0. 02
⋮	⋮	⋮	⋮	⋮
2010. 10	2. 09	0. 00	2. 11	-0. 01

二、数据统计性分析

对小麦及玉米的月度价格数据做趋势图，如图4 –1 所示。

由图4 –1 可以看出，我国的小麦及玉米价格随着时间的推移均明显上升。小麦现货价格由2000 年1 月的1. 12 元/公斤上升至2010 年10 月的2. 09 元/公斤，增长了近86. 6%，年均增长率为8. 66%；同期玉米现货价格由0. 85 元/公斤上升至2. 11 元/公斤，10 年间玉米价格增长了148. 2%，年均增长14. 82%。虽然玉米及小麦价格总体上是上升的，但是整个过程中呈现出显著的波动特点。2000 年1 月 ~2010 年10 月共130 个月中，48 个月的小麦价格比上月价格有所降

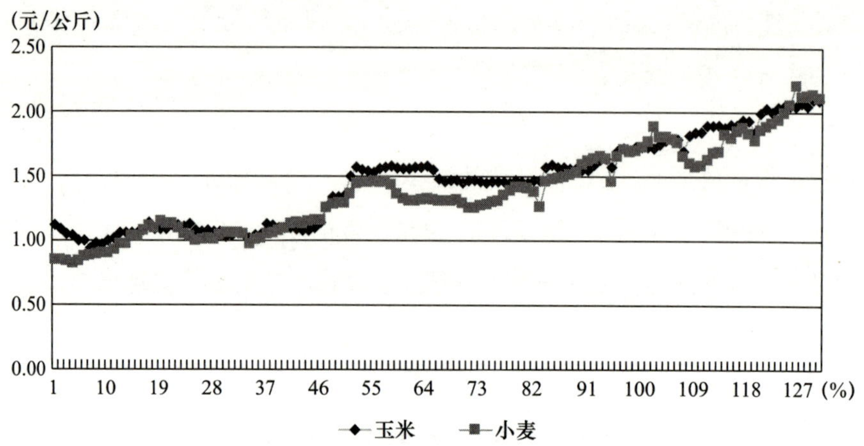

图 4－1　玉米及小麦月度价格趋势

低，39 个月的玉米价格比上月降低。其中，2000 年 7 月、2008 年 11 月、2009 年 11 月、2005 年 6 月小麦的月度价格下降幅度分别达到 6%、5%、5% 和 5%；2006 年 11 月、2002 年 10 月、2008 年 11 月、2004 年 11 月的玉米月度价格下降幅度分别达到 9%、8%、6% 和 5%；可以看出小麦及玉米的月度价格波动是比较剧烈的，如图 4－2 所示。

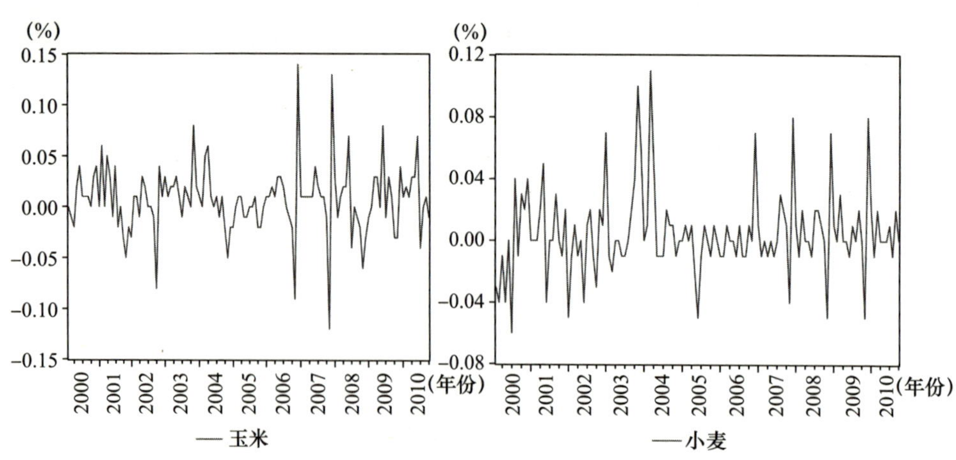

图 4－2　玉米、小麦月度价格收益率走势（2000 年 1 月～2010 年 10 月）

图4－2是小麦及玉米月度价格收益率序列的走势。从图中看到，其价格收益率基本上围绕在0均值附近上下波动，而且波动随时间的变化出现连续偏高或者偏低的情况，即序列表现出明显的“波动集群”特征。

分析粮食价格收益率序列的基本统计特征，结果如表4－2所示。正态分布的偏度和峰度分别为0和3，由表4－2可以看到，收益率序列的偏度均大于0，而峰度大于3，因此，玉米及小麦价格收益率序列具有典型的尖峰厚尾特性。此外，JB统计量检验结果表明，玉米及小麦收益率序列均非正态。

表4－2 价格收益率描述性统计分析

统计量	小麦	玉米
平均值	0.0050	0.0073
标准差	0.0277	0.0336
偏度	0.9840	0.2477
峰度	5.6543	7.0287
JB统计量	59.6865	88.5601

对价格收益率序列进行ADF检验得到的结果如下所示，由表可知，玉米以及小麦的价格收益率序列均在1%水平下平稳，如表4－3所示。

表4－3 玉米、小麦价格收益率序列平稳性分析

类别	ADF统计量	（C，T，K）	显著水平	检验值
玉米	－3.48	（C，N，N）	1%	－11.72***
小麦	－3.48	（C，N，N）	1%	－10.67***

注：（1）**和***分别代表5%和1%的显著性水平；（2）C代表截距项；T代表趋势项；K代表滞后阶数。

第四节　实证分析及其结果

1. 玉米价格波动测定

计算玉米收益率序列滞后36阶的相关（AC）与偏自相关（PAC）系数，进行相关与自相关检验，由于发现玉米收益率序列的自相关图及Q统计量存在一定的自相关性，所以需要对玉米价格收益率序列的自相关性进行刻画。用自回归移动平均模型对玉米收益率的波动进行拟合，比较不同模型拟合结果的优劣，根据AIC及SC信息进行判别，最终选取ARMA（12，12）作为玉米收益率序列的均值方程。

对玉米收益率序列建立回归模型后，运用ARCH－LM检验法检验回归模型的残差是否存在异方差，结果如表4－4所示。

表4－4　玉米收益率ARCH模型LM检验结果

ARCH（q）	LM值	概率	结论
Q＝1	16.8247	0.000041	拒绝原假设
Q＝2	22.2795	0.000015	拒绝原假设
Q＝3	22.2122	0.000059	拒绝原假设
Q＝4	22.5654	0.00016	拒绝原假设

由表4－4可以看出，在1%的显著水平下，拒绝原假设，说明残差项存在明显的ARCH效应。在用极大似然法估计模型参数时，需要先对残差分布加以限定。经过检验发现残ARMA模型的残差不服从正态分布，而为一个尖峰厚尾的分布。有研究表明在t分布假设下，估计得到的VaR值过于保守[143]（龚锐、陈仲常等，2005），因此在下面的估计过程中我们用GED分布来代替正态分布刻画

收益的厚尾特性。在对 ARCH 类模型进行定阶时结合上面计算的相关函数与偏自相关函数，并以 AIC 和 SC 准则作为模型的判别标准，利用 Eviews 5.0 软件进行估计得出以下结论：

均值方程：

$$rcorn_t = 0.009 - 0.2728rcorn_{t-12} + 0.8416u_{t-12}$$

$$(3.098) \quad (-4.304) \quad (23.920) \qquad (4-10)$$

方差方程：

$$\sigma_t^2 = 0.00039 + 0.6424u_{t-1}^2 + 0.132\sigma_{t-1}^2$$

$$(3.545) \quad (2.074) \quad (3.763) \quad R^2 = 0.2505 \qquad (4-11)$$

用 GARCH – GED 模型分析市场价格风险时，ARCH 项系数 α 及 GARCH 项系数 β 之和反应价格风险（波动）的持续性。有作者（Terence C. Mills[144]）认为，自回归条件异方差的系数可以作为判断时间序列平稳与否的条件。ARCH 项系数 α 表示当期的价值风险受外界因素的影响情况，α 越大，表示整个价格系统受外界因素的冲击也越大；GARCH 项系数 β 则反映当期变量受前期波动性的影响程度，其值越大，整个系统的记忆性越强。

从方差方程来看，各参数都较为显著。ARCH 项系数 $\alpha > 0$，也就是说来自市场的外部冲击会加大玉米市场价格的波动，这需要系统本身的自调节机制来抵消这些外部冲击。GARCH 项系数 $\beta < 1$，说明市场本身可以达到平稳状态，前期的价格波动在本期会自动消散；玉米价格波动的冲击效果是持久的，市场风险较大。当前我国的玉米市场价格主要以市场自我调节为主，政府宏观调控为辅，有利于控制市场大幅度波动引起的农民收入剧烈波动问题。

对估计残差再做异方差效应的 LM 检验，发现不存在异方差现象，也就是说上面的模型能够较好地刻画玉米价格收效率的异方差现象。基于上述 ARCH 模型预测条件异方差以及条件均值项，按照相应公式进行计算，可以得到相应的风险价值（Value at Risk，VaR）。由上述 ARCH 类模型估计得到的玉米市场价格收益率的条件标准差如图 4 – 3 所示。

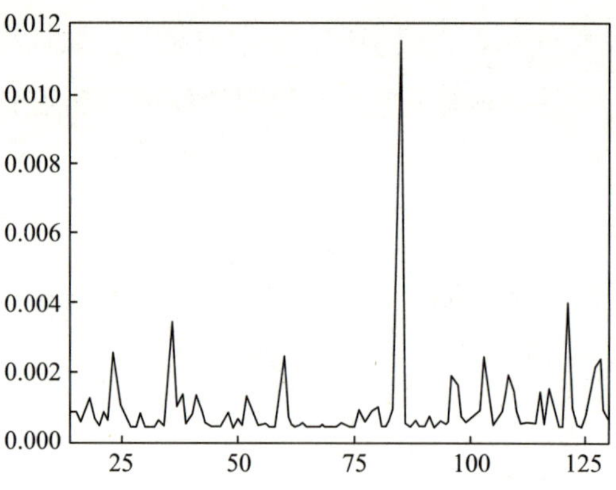

图 4－3 玉米收益率的条件标准差

根据上面建立的 GARCH－GED 模型计算得到的条件方差序列 H_t，将其代入到 VaR 的计算公式就可以得到相应置信水平下的 VaR 值，结果如表 4－5 所示。可以看出，玉米价格存在着较大的下跌风险，其中，2007 年 11 月下跌的风险最大，达到－6.934%，2002 年 10 月的下降幅度也达到－4.42%。

表 4－5 玉米价格基于 GARCH（1，1）－GED 模型的最大前 5 名 VaR 值和 H_t 值

日期	VaR（95%）	日期	H_t
2007－11	－0.0693	2007－01	0.01155
2002－10	－0.0442	2006－12	0.00694
2005－11	－0.0381	2010－01	0.00401
2009－12	－0.031	2002－12	0.00342
2001－06	－0.0309	2001－11	0.00253

通过反馈检验对似合模型的精度进行评价，在给定的 $\alpha=0.05$ 的水平下，基于 ARCH 模型计算 VaR 的置信区间，再计算落入计算区间外的观察值占总体的比例 p，并将 p 与 α 比较。若 $p\leqslant\alpha$ 说明模型预测误差控制在 5% 以内，模型精度比较好。通过检验，发现当 $\alpha=0.05$ 时，$p=0.041$，可见反馈检验的结果表明，ARCH 模型的拟合效果较好。总的来说，玉米价格风险的实际结果符合研究的预

期水平，基本上把握了玉米价格的市场风险。

通过本章的研究，可以看到 VaR 将风险具体地量化为简明的数量指标，可以明确地表示出在当前的市场状况下，农产品市场价格存在多大的风险，对于农产品产业链上的公司或者农户来讲，它是进行农产品市场风险控制有力的风向标，因此对于农产品加工或者仓储等企业来说，引入 VaR 模型对农产品市场价格风险进行量化管理具有重要的现实意义。

2. 小麦价格风险测定

下面对小麦进行类似检验，发现小麦价格收益率序列也存在异方差效应，按照同样的步骤建模，假设小麦收益率序列残差服从正态分布，小麦收益率 rwheat 运算结果如下：

均值方程：

$$rwheat_t = 0.0014 - 0.6247 rwheat_{t-12} + 0.8991 u_{t-12}$$

$$(0.7476) \quad (-12.4870) \quad (64.0334) \tag{4-12}$$

方差方程：

$$\sigma_t^2 = 0.000355 + 0.672205 u_{t-1}^2 + 0.11341 \sigma_{t-1}^2$$

$$(5.5395) \quad (3.0604) \quad (-2.03858) \tag{4-13}$$

$R^2 = 0.2193$ F 值为 6.235694

由上述方程可以看出，ARCH 项及 GARCH 项的系数均显著不为 0，这表明小麦价格收益率序列存异方差性显著。ARCH 项与 GARCH 项的系数和为 0.55879，小于 1，说明波动持续性较弱，其作用会逐渐消失。

对于 GARCH 项系数，其小于 1，说明小麦价格系统本身有一定的记忆性，但是这种价格波动可以依靠系统本身的力量达到稳定状态，并不需要依靠市场的外部干预。也就是说，市场上根据小麦的供求及其价格信息，在经过一定时间的自动调节之后，可以达到市场均衡状态。但是，在实际中，国家已经逐步放开了小麦、玉米等价格控制，由于其为关系国计民生的重要物资，一方面，为了稳定粮农种粮的积极性，国家实行了小麦收购保护价制度；另一方面，当其价格出现波动时，政府会出台一系列相关的政策对其进行控制。如 2010 年全国范围内的特大干旱气候，国家采用销售国家储备粮等措施避免粮食价格的剧烈波动。

ARCH 系数为 0.672205，小于 1，说明来自市场的冲击会增大小麦价格系统的波动，这种波动仅依靠其系统内部的自身调节便可恢复到均衡状态。由上述 ARCH 类模型估计得到的小麦市场价格收益率的条件标准差如图 4－4 所示。

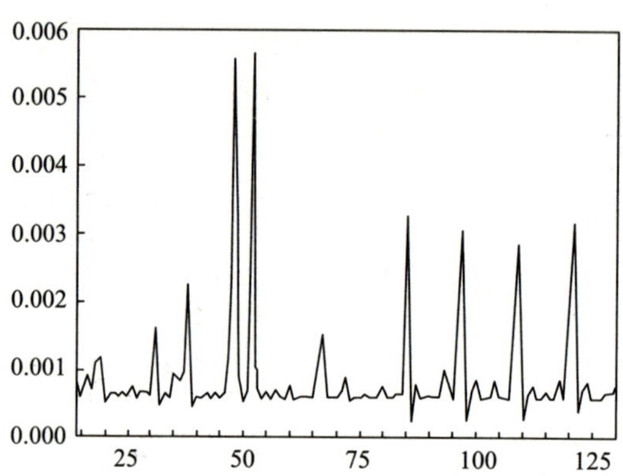

图 4－4　小麦收益率的条件标准差

从图中可以看出，小麦价格的收益率存在着明显的异方差性。根据上面建立的 ARCH 模型计算得到的条件方差序列 H_t，将其代入到 VaR 的计算公式，就可以得到相应置信水平下的 VaR 值，可得到结果如表 4－6 所示。

表 4－6　小麦价格基于 GARCH－GED 模型的最大前 5 名 VaR 值和条件异方差 H_t 值

日期	VaR（95%）	日期	H_t
2001－12	－0.03737	2001－12	0.02293
2001－05	－0.03518	2001－05	0.021633
2002－03	－0.0344	2002－03	0.021068
2003－01	－0.02835	2003－01	0.017652
2001－09	－0.02451	2001－09	0.01516

可以看出，小麦价格的下跌风险要小于玉米价格的下跌风险，其中，2001 年 12 月的下跌风险最大，达到－3.737%，其他几项处于前五名的 VaR 值也处于

2001 ~2003 年，最近几年小麦价格下降的风险比较小。

通过反馈检验对似合模型的精度进行评价，在给定的 $\alpha = 0.05$ 的水平下，基于 ARCH 模型计算 VaR 的置信区间，再计算落入计算区间外的观察值占总体的比例 p，并将 p 与 α 比较。若 $p \leq \alpha$ 说明模型预测误差控制在5%以内，模型精度比较好。通过检验，发现当 $\alpha = 0.05$ 时，$p = 0.037$，可见反馈检验的结果表明，ARCH 模型的拟合效果较好。总的来说，小麦价格风险的实际结果符合研究的预期水平，基本上把握了小麦价格的市场风险。

第五节 本章小结

本章以 GARCH 类模型为基础，对粮食市场价格的波动进行了定性分析，将 VaR 的概念引入到粮食市场价格波动分析中来，计算出其波动程序。具体结论如下：

（1）引入 GARCH - GED 模型分析粮食市场价格的异方差性。利用 GARCH - GED 模型对粮食市场价格风险进行预测，通过对收益波动性的统计与实证研究准确反映了粮食市场价格序列的波动具有聚集效应以及异方差效应，保证了预测的准确性。根据玉米及小麦价格波动的月度价格数据进行计算，发现其收益率存在着集簇效应，也就是说玉米及小麦收益率的波动和玉米及小麦价格波动均存在条件异方差性，大的波动以及小的波动均成群地出现。

（2）玉米及小麦的市场价格存在着较高的市场风险。在过去的实证研究中，比较多的注重粮食价格波动的研究多集中在各影响因素的影响程度。文章将 VaR（风险价值）的概念引入到粮食市场价格风险的研究中来，结合 ARCH 类模型对其波动进行了定量的测量。

基于 GARCH - GED 模型计算得到的 VaR 值以玉米或者小麦价格未来每日可能下跌的最大幅度，描述了市场绝对风险的大小。通过计算 VaR 值，计算出玉米价格的 VaR 最大值达到6.93%，小麦也达到3.74%。可以说明，虽然有政府的宏观调控以及保护收购价等措施，但市场价格在短期内仍存在着较大的波动，生产者仍然面临着较大的价格风险，这种风险多是由市场供求决定的短期波动，这种波动虽然在长期内可以依靠市场自身的力量进行调节，但在短期内的波动会对农民收入以及人民生活带来不小的影响。

考虑到当前国内试点进行的政策性农业保险，现行的保险产品的保险标的多为作物单产，对于农产品价格方面所面临的风险并没有涉及。有必要考虑设计一种综合考虑到农产品价格风险及单产风险的综合作物保险险种，保护价格以及单产双重波动引起的农户收入风险。

第五章　基于连续月度数据的作物收入保险定价研究

农业一般被认为是一项多风险的行业。在农业生产过程中，农户面临着包括恶劣气候、病虫害等自然风险以及市场风险在内的风险。自然灾害交织着价格风险影响了我国农业和农村的经济发展，影响着农民的正常生产和生活。当前，出售农产品的收入仍是农民收入的一项重要来源。农产品的需求弹性低，加上国际市场对粮食的需求极不稳定，使得农产品市场价格受产量的影响较大，这可能引起农户收入较大的年际波动。以家庭为单位的农业生产主体的生产目的不仅是为了满足自身的需求，更多的是为了追求利润。农户的生产经营风险早已引起广泛的关注，如国家实行的农产品价格支持政策、农产品投入要素价格补贴政策等。2004 年以来，国家对稻谷和小麦实行了最低收购价格政策，并不断提高最低收购价水平，这对稳定农民收入预期，促进农业稳定发展，保障国家粮食安全发挥了重要作用。

农业保险是减轻农业灾害损失、稳定粮食等主要农产品市场供应的重要举措。2004 年以来的 7 个一号文件中都对农业保险的发展提出了明确的要求。包括作物保险和畜牧业保险在内的政策性农业保险正处于试点实施阶段，以省或市为基本单位展开的政策性作物保险试点的投保作物、以关系民生且对农业和农村经济、社会发展有重要意义的作物为主，不同地区因地制宜，以主要粮食作物、经济作物为主展开保险试点工作。

作物收入保险综合考虑作物产量风险与价格风险，以作物的毛收入（产量 × 价格）为保险对象。作物收入保险的保险金额根据农户所选择的保障水平、地区平均产量和保险合同事先规定的价格来确定，保险人按保险合同约定，对所承保的作物收入因合同规定原因低于保险金额时，按规定进行赔付。在作物保险实施比较发达的美国、加拿大等国家，作物收入保险的实施吸引了很大一批农业生产者，以美国为例，2007 年其收入保险 CRC（Crop Revenue Coverage）的投保面积达到 7378.3 万英亩，仅次于巨灾保险的 7733.6 万英亩。我国有关作物保险的研究主要集中在产量保险方面，以作物单产为切入点研究产量风险。目前作物产量保险方面的研究主要从保险需求、农户支付意愿、风险等级分区、基于不同方法的保费厘定等方面展开研究。专门针对作物收入保险的研究比较少，除了介绍美国、印度、法国等国家作物保险经验的文章之外，周建涛等通过分析保监会提出五种保险模式的发展前景，提出我国的农业保险应当以经济作物收入保险为切入点，以循序渐进的方式展开[145]。

为了满足农户投保需求多样化，开发适合我国国情的收入保险产品是一种有意义的探索。本节基于 Copula 方法，综合考虑作物单产风险以及价格风险，研究作物收入保险费率的定价问题。以 2008 年 1 月 ~2010 年 6 月文华财经共 30 个月的期货指数价格以及安徽省阜阳市 1978 ~2007 年玉米、大豆以及小麦的历年单产数据为基础，在去趋势处理以后，利用两阶段极大似然估计法估计出基于 Copula 方法的单产以及价格联合分布的概率模型，并采用模拟法进行抽样 10000 次，最终计算得到收入保险的保费。为了便于比较，文中还同时以非参数核密度法以及参数法计算出了产量风险的各级保险费率。

第一节　收入保险定价研究理论基础

在美国以及加拿大等国家，学术界对作物收入保险已经展开了深入的研究，有关研究表明，作物收入保险与 MPCI 相比是一种更完善价格更低廉的保险类型（Turvey，Turvey and Amanor - Boadu，Richards and Manfredo，Stokes Nayda and English，Stokes，Goodwin Roberts and Coble）。对于投保者来说，只要其收入低于其保障水平，保险公司便会进行赔偿，也就是说，不管是价格、单产或者两个因

素综合引起收入的降低，保险公司均会进行赔付。当前国外流行的收入保险类型有 CRC（Crop Revenue Coverage）、RA（Revenue Assurance）以及 IP（Income Protection）等，这些保险较好地满足了农户的投保需求。Makki[78]等研究了影响农户参加保险的因素，认为作物收入保险的引入，使得参与作物保险的农户数量显著增加。收入保险政策是在产量保险的基础上开发出来的。CRC 是第一个由私人保险公司开发出的收入保险险种，假设作物单产及农产品价格相互独立，以 MPCI 的单产风险为基础，综合考虑农产品价格上升风险以及收入风险，将三者相加，计算出其费率。其中，农产品价格上升风险是指由于单产降低以及收获期价格高于种植期价格引起的赔付；收入风险是指如果收获期的农产品价格低于种植期，实际收入少于保险合同保障的收入引起的风险。RA 利用现行年份期权价格与现行期货合约价格的偏离情况衡量价格波动，RA 利用收获期期货合同种植前的价格做为预期价格，此预期价格与相关期权合约的差异作为测量价格风险的数据基础，并假设其服从 Log - Normal 分布，作物单产服从 Beta 分布，以这两个分布作为边际分布从中抽取随机变量，利用 Johson Tenenbein[146]的方法形成收入的二维连续概率密度分布函数，这种联合分布下，两变量间的相关性通过 Spareman ρ 及 Kendall τ 来测量。有关研究表明，作物产量分布至今没有一致的参数分布形式，如果假设其服从 Beta 分布，参数的估计结果会因为最大值及最小值的不同产生明显的差异。利用某一特定时期的作物单产为基础测量作物产量风险，可能会因为这个时期内极高或者极低产量的发生，引起风险测定的不准确性。IP 采用非参数模型估计作物单产及价格分布，并以此为基础估计作物收入分布。

国内进行农产品收入保险研究的文献较少。相关的研究主要是测定农产品价格风险的相关研究，以及采用不同的方法测算作物区域产量风险、进行费率测算并以此为基础进行风险分区，也有以气象指数为基础进行的研究。孙良媛[147]讨论了农业转型时期所面临的市场风险的特点、风险形成机理，提出了控制和分散农业市场风险的理论框架及农业市场风险管理的方法。张峭等[148]以五种畜产品 115 个月的市场价格数据分析了畜产品的市场风险，并以 VaR 理论为基础，测算了其市场风险值，发现我国畜产品的市场风险并不服从正态分布。刘岩等[149]介绍了美国利用期货市场进行农产品价格风险管理的经验，刘晶等[150]则分析了我国农产品价格风险并提出了相关防范措施。周建涛[145]等通过分析保监会提出的五种保险模式的发展前景，提出我国的农业保险应当以经济作物收入保险为切入点，以循序渐进的方式展开。自然风险方面的研究主要包括：高涛[151]等以北京市政策性农业保险为例，应用非参数信息扩散模型，模拟了保险公司不同损失的发生概率，提出了一种新的巨灾分担机制。栾立明[152]等通过对中国大豆产业国际竞争力的比较分析，提出包括收入保险在内的政府支持是一种提高大豆国际竞争力的有效途径。马九杰等[153]通过描述性统计和相关分析等方法，着重讨论了农业自然灾害风险对粮食综合生产能力、粮食安全的影响。

综上可以看出，我国现在的研究为收入保险保费的厘定打下了良好的基础，本书以安徽省阜阳市的玉米、小麦以及大豆为保险对象进行的有关收入保险的研究，是在我国开展作物收入类保险的必要探索。由于作物单位产量分布经常出现左偏现象[28,165,168~169]，拟合农产品价格与产量的概率分布以后，考虑到上面提到的作物单产与其价格之间可能存在内在联系，本节利用 Copula 方法来分析这种内在联系。作为一种有效的研究变量间相互关系的方法，Copula 仅考虑变量的边际分布，并不需要事先了解数据间的相关程度以及分布。

第二节　数据来源与研究方法

一、数据及趋势处理

本章基于作物单产及农产品月度价格数据进行作物收入风险定价研究。当前作物收入保险实施较成熟的国家——在美国的收入保险开发中，不同的保险产品开发过程中使用的价格数据也不尽相同。CRC、IP 利用 1970 年以来的农产品市场价格来测算价格风险，而 RA 则利用现行年份的期权价格与期权期货合约的偏离情况来衡量价格波动。由于产品市场价格年度内存在波动性，因此 RA 计算出的价格风险也会逐年发生变化。

我国许多地区有公开公布的较长时期的作物单位面积产量数据。对于价格数据，自 1993 年 3 月全国人大八届一次会议规定，我国政府逐步放开粮食购销价格，市场才参与到农产品的价格形成过程中来，因此，30 多年来的农产品年度价格数据不能全面反映农产品所面临的价格风险。本节采用文华财经 2008 年 1 月 ~2010 年 6 月的强麦指数、豆一指数以及玉米指数的月度数据来测量农产品价格的波动情况。

本节计算单产波动的产量数据采用的是号称“百亿江淮粮仓”的安徽省阜阳市 1981 ~2010 年的小麦、大豆以及玉米的历年单产数据。阜阳市地处黄淮海平原，在我国南北气候分界线秦岭、淮河一线的交界处，地势平坦，四季分明，雨量适中，光照充足，适宜各类作物和动植物的生长繁育，盛产小麦、水稻、棉花、玉米、大豆等，是国家重要的农副产品基地。2010 年，阜阳市将全面开展小麦、水稻、大豆以及玉米等作物试点工作，保险金额按保险标的生长期内发生的直接物化成本计算，2009 年，水稻、小麦、玉米和大豆的保险费率分别为 5%、4%、5%以及 6%。参保作物保费分摊比例为中央和省补贴 70%、县市区补贴 10%、农户承担 20%。理赔起点为 30%，即参保的作物因自然灾害造成的损失率达到 30%（含 30%）以上至 80%时，按该作物生长阶段保额和损失率计算赔款，并实行 15%的绝对免赔率［理赔计算公式为：赔偿金额 = 各生长期保险金额 ×（损失率 -15%）］；损失率达到 80%以上（含 80%）时，按该作物生长阶段保额全额赔付。

文中使用直线滑动平均法[148]对单位面积产量以及三种产品的期货指数价格月度数据进行去趋势计算。该方法是一种线性回归模拟与滑动平均模拟相结合的模拟方法，它将时间序列按照一定的步长分成若干时段，在时段内的变化看成线性函数。拟合出单产 Y_t 以及月度价格 P_t 的长期趋势以后，本书将两个变量的观测值分成两部分：趋势值以及随机波动部分。以单产 Y_t 为例，Y_t 分成预测的趋势产量 $\hat{Y}_t$ 以及随机波动量 e_t。

由于作物单产与农产品价格间可能存在一定的相关关系，下面将用 Copula 连接结构表示两者的联合概率分布，而不是直接假设两者相互独立。

二、Copula 模型及其估计

在很多变量概率密度的相关研究中，为了计算方便，一般假设多变量联合分布为多元正态分布，或者多元 t 分布，这种假设并不是处处都能成立的。在不少与金融相关的研究中，如人们需要计算 VaR 值，需要在变量联合概率密度的基础上进行计算，不需要假设某一特定分布，利用 Copula 方法可以很方便地构造出多元分布的概率密度，可以弥补传统参数分布假设本身的不足。

Copula 方法在金融领域已经得到了比较广泛的应用。金融领域的投资者们一般都采用资产的多样化、选择相关性小的资产组合以达到降低投资风险的目的。在变量的边缘分布的基础上结合 Copula 方法计算资产风险的概率密度，通过 Monte Carlo 模拟法计算出的 VaR 值是投资者衡量风险大小的一个工具。运用 Copula 方法，可以将多元分布表示为单个变量的边缘分布和一个用于表示变量间相关结构的 Copula 函数，这种表示方法大大简化了建模过程，方便实用，在金融建模领域得到较广泛的应用[154]。

1. Copula 函数定义

文中所涉及的 Copula[155]方法，最早由 Sklar（1959）以法文提出，通过文献查阅发现一直到 2002 年 Elizabeth 开始应用在作物产量保险领域[156]。Copula 是一个将多维变量 u_i 映射到均匀分布的函数。其符号以 C 表示，需满足以下三个条件：

（1）C：$[0, 1]^n \to [0, 1]$；

（2）C 是对任一个随机变量 u_i 都是递增的函数；

（3）C 的所有边际函数 C_i 满足：$C_i(u) = C(1, \cdots, 1, u, 1, \cdots, 1) = u$；$u \in [0, 1]$；

如果 $F_1, \cdots, F_n$ 是一元分布函数，则 $C[F_1(x_1), \cdots, F_n(x_n)]$ 是以 $F_1, \cdots, F_n$ 为边缘分布函数的多元分布函数，在实际应用中，下述的 Sklar 定理，可以说是 Copula 最重要的定理。

若 $F(\cdot)$ 是一个 n 维的分布函数，$F_1, \cdots, F_n$ 为其边际函数，若 $F_1, \cdots, F_n$ 连续，则存在唯一的 Copula 使得：

$$F(x_1, \cdots, x_n) = C[F_1(x_1), \cdots, F_n(x_n)] \tag{5-1}$$

通过求 $F(x_1, \cdots, x_n)$ 的偏微分，我们可以将其密度函数 $f(x_1, \cdots, x_n)$ 改写成一维边际函数及一个 Copula 结构的两部分：

公式中，$u_i = F_i(x_i)$，$i = 1, \cdots, n$

$$f(x_1, \cdots, x_n) = \frac{\partial F(x_1, \cdots, x_n)}{\partial x_1 \cdots \partial x_n} = \frac{\partial C[F_1(x_1), \cdots, F_n(x_n)]}{\partial x_1 \cdots \partial x_n} = c(u_1, \cdots, u_n) \times \prod_i f_i(x_i) \tag{5-2}$$

上式可以看出，一个多元联合概率密度可以表示成两个部分的乘积：$c(u_1, \cdots, u_n)$ 为 Copula 的密度，表示 X_1，X_2，…，X_n 的关联结构，$\prod_i f_i(x_i)$ 为单变量边缘概率密度的乘积。要求最终的多变量联合概率密度，可以分成两步进行：首先，确定各变量的边际分布函数及其概率密度，本书采用常用的极大似然估计法进行；其次，测算出适合的 Copula 函数。将两步测算出来的结果进行整合，便得到多变量联合概率密度，本书以此作为测定多种风险联合分布的基础。

2. Copula 函数的分类及性质

Copula 函数按所属性质可以分为 Elliptical Copula（椭圆 Copula）函数和 Archimedean Copula（阿基米德 Copula）函数两大类，前者中较为常见的包括正态 Copula 函数和 t - Copula 函数，后者中较为常见的包括 Clayton Copula 函数、Gumbel Copula 函数、Frank Copula 函数等。

Elliptical Copula（椭圆 Copula）函数是基于多元 Elliptical 分布的一类特殊 Copula 函数。多元 Elliptical 分布中最为常见的两种分布便是多元正态（Gaussian）分布和多元 t 分布。在多元统计建模时，我们通常假定残差项服从多元正态分布或者多元 t 分布，这主要是由于这两种统计分布具备良好的统计性质和简化模型估计的需要[157~158]。常用的 Archimedean Copula 有 Gumbel Copula、Clayton Copula 及 Frank Copula 三种。前两者只能描述变量间的非负相关关系，而 Frank Copula 函数可以描述变量间的负相关关系[159]，Frank Copula 的密度函数具有对称性，呈 U 形，适合描述相关结构对称的相关关系。由于 Frank Copula 容许变量间存在正或负的相关关系[160]，本书因此采用 Normal Copula 以及 Frank Copula 作为备选方法来模拟单产及农产品价格的联合概率分布。

正态 Copula（Gaussian Copula）函数是目前使用最广泛的 Copula 函数之一。如著名的 RiskMetrics 就采用了正态 Copula 函数作为风险计量的标准方法。当多元变量的相依结构服从正态 Copula 函数，且多元变量的边缘分布也服从一元正态分布时，正态 Copula 函数和多元正态分布等价。但是当多元变量的相依结构服从正态 Copula 函数而边缘分布不服从一元正态分布时，那么此时多元变量服从正态 Copula 函数，但并不服从多元正态分布。也就是说多元正态分布可以看作是正态 Copula 函数的一个特例。

假设 $X=(X_1, X_2, \cdots, X_n)$ 服从多元正态分布，当且仅当其边缘分布函数 $F_1, \cdots, F_n$ 皆为正态分布，存在唯一的 Normal Copula 函数使得下式成立：

$$C_R^N(u_1, \cdots, u_n)=\Phi_R[\phi^{-1}(u_1), \cdots, \phi^{-1}(u_n)] \tag{5-3}$$

式中，Φ_R 表示标准多元正态分布函数及其相关系数矩阵 R，ϕ^{-1} 表示标准正态分布函数的反函数。

若 n=2 时，二元正态 Copula 函数可以表示为：

$$C_R^N(u,v) = \int_{-\infty}^{\phi^{-1}(u)}\int_{-\infty}^{\phi^{-1}(v)} \frac{1}{2\pi(1-R_{12}^2)^{1/2}}\exp\left\{-\frac{s^2-2R_{12}st+t^2}{2(1-R_{12}^2)}\right\}dsdt \tag{5-4}$$

其中，R_{12} 表示两变量间的线性相关系数。

Genest 和 Mackay（1986）给出了 Archimedean Copula 函数的定义，其函数的具体表达式为：

$$C(u_1, u_2, \cdots, u_n)=\varphi^{-1}[\varphi(u_1)+\varphi(u_2)+\cdots+\varphi(u_n)] \tag{5-5}$$

其中，$\varphi(\cdot)$ 称为 Archimedean Copula 函数的生成元，它满足：$\sum_{n=1}^{N}\varphi(u_n) \leqslant \varphi(0)$，且 $\varphi(1)=0$，对于任意 $0\leqslant t\leqslant 1$，有 $\varphi'(t)<0$，$\varphi''(t)>0$，即生成元是一个凸的减函数。$\varphi^{-1}(\cdot)$ 是 $\varphi(\cdot)$ 的逆函数，在 $[0, \infty)$ 区间完全单调。

Frank Copula 函数的分布函数和密度函数分别为：

$$C_F(u, v, \lambda)=-\frac{1}{\lambda}\log\left[1-\frac{(1-e^{-\lambda u})(1-e^{-\lambda v})}{1-e^{-\lambda}}\right] \tag{5-6}$$

$$c_F(u, v, \lambda)=\frac{\lambda(1-e^{-\lambda})e^{-\pi(u+v)}}{[(1-e^{-\lambda})-(1-e^{-\lambda u})(1-e^{-\lambda v})]^2} \tag{5-7}$$

上式中，$\lambda \neq 0$。根据 λ 的不同，u、v 的不同，若 $\lambda > 0$，表示 u、v 正相关；$\lambda < 0$，表示 u、v 负相关；若 λ 接近于 0，表示 u、v 趋向独立。

Frank Copula 的相关参数 λ 与上述一致性检验的 τ 有如下关系：

$$\tau_F = 1 + \frac{4}{\lambda}[D_1(\lambda) - 1] \tag{5-8}$$

其中，$D_1(x) = \frac{1}{x}\int_0^x \frac{t}{e^t - 1}dt$。

3. Copula 模型的估计方法

Copula 模型的参数估计过程可以分成边际分布的参数估计和 Copula 函数的参数估计两步[161]。

（1）边际分布的参数估计。本书采用极大似然估计法来估计边际分布。对于样本序列 $\{X_t\}$，其中，t = 1，2，…，T，假设 $F_t(x_t; \varphi)$，则参数的极大似然估计值为：

$$\hat{\varphi} = \arg\max_{\varphi \in \mathbf{R}\varphi} \sum_{t=1}^{T} f_t(x_t;\varphi) \tag{5-9}$$

（2）估计 Copula 函数的参数。假设样本数据为 $S = \{x_{1t}, x_{2t}, \cdots, x_{nt}\}_{t=1}^{T}$，则极大似然估计方程可以写为：

$$l(\theta) = \sum_{t=1}^{T} \ln c[F_1(x_{1t}), F_2(x_{2t}), \cdots, F_n(x_{nt})] + \sum_{t=1}^{T}\sum_{j=1}^{n} \ln f_j(x_{jt}) \tag{5-10}$$

其中，θ 代表边际分布参数以及 Copula 参数组成的参数集。

因此，在给定边际密度函数以及一个具体可以写出的 Copula 的情况下，极大似然估计可以写成如下形式：

$$\hat{\theta}_{MLE} = \max_{\theta \in \Theta} l(\theta) \tag{5-11}$$

直接采用极大似然估计法在计算上可能具有较大的难度，尤其是边际分布为多维的时候。文中采用两阶段法（Inference for the Margins，IFM）而不是直接采用极大似然估计法对 Copula 模型的参数进行估计[162]，具体计算步骤如下：

1）通过单变量密度估计法对每一个边际分布的参数 θ_1 进行估计：

$$\hat{\theta}_1 = \mathrm{ArgMax}_{\theta_1} \sum_{t=1}^{T}\sum_{j=1}^{n} \ln f_j(x_{jt};\theta_1) \tag{5-12}$$

2）在估计出 θ_1 的基础上，估计 Copula 的参数 θ_2：

$$\hat{\theta}_2 = \mathrm{ArgMax}_{\theta_2}\sum_{t=1}^{T}\ln c[F_1(x_{1t}),F_2(x_{2t}),\cdots,F_n(x_{nt});\theta_2,\hat{\theta}_1] \tag{5-13}$$

其中，$\hat{\theta}_{IFM} = (\hat{\theta}_1,\ \hat{\theta}_2)'$。

以 l 表示整体的极大似然函数，l_j 代表第 j 个边际的似然函数，l_c 表示 Copula 的极大似然函数，那么 IFM 统计量是如下方程的解：

$$\left(\frac{\partial l_1}{\partial\theta_{11}},\ \frac{\partial l_2}{\partial\theta_{12}},\ \cdots,\ \frac{\partial l_n}{\partial\theta_{1n}},\ \frac{\partial l_c}{\partial\theta_2}\right)=0' \tag{5-14}$$

而一般的极大似然估计法 MLE 是通过求解下式得出的：

$$\left(\frac{\partial l}{\partial\theta_{11}},\ \frac{\partial l}{\partial\theta_{12}},\ \cdots,\ \frac{\partial l}{\partial\theta_{1n}},\ \frac{\partial l}{\partial\theta_2}\right)=0' \tag{5-15}$$

4. 一致性系数——Kendall 秩相关系数 τ

Nelson（1998）提出 Copula 相关定理，指出对于相关随机变量做严格单调变换，相应的 Copula 函数不变。以此定理为基础，可以计算 Kendall 秩相关系数 τ。

设 $(x_1,\ y_1)$，$(x_2,\ y_2)$ 是独立同分布的向量，$x_1,\ x_2\in x$，$y_1,\ y_2\in y$，

令 $\tau = P\{(x_1-x_2)(y_1-y_2)>0\}-P\{(x_1-x_2)(y_1-y_2)<0\}$

那么 τ 就表示就是 x 与 y 的一致性程度。从式中可以分析出 (x_1-x_2) 反映了 x 的变化，(y_1-y_2) 反映了 y 的变化情况，如果 $(x_1-x_2)(y_1-y_2)>0$，则说明 x 与 y 的变化是一致的，反之若 $(x_1-x_2)(y_1-y_2)<0$，则 x 与 y 的变化是相反的。

将上式进行变形，可得：

$$\tau = 2P\{(x_1-x_2)(y_1-y_2)>0\}-1 \tag{5-16}$$

可以看出 τ 的值介于 -1 ~ 1，假设 C(u, v) 是向量（x, y）的连接函数，那么 Copula 与 τ 之间存在以下对应关系（Schwettzer, Wolff, 1981）[163]：

$$\tau = 4\iint_0^1 C(u,v)\,dC(u,v)-1 \tag{5-17}$$

所以，在利用两阶段极大似然估计法求出 Copula 函数的参数 θ_2 后，根据公式（5-17）求出 τ，用以表示变量间的相关关系。

第三节　作物收入保险定价结果

一、基于 Copula 的作物收入保险定价原理

由于 Frank Copula 容许变量间存在正或负的相关关系[160]，本书中考虑到价格与产量之间可能存在负相关关系，因此采用 Normal Copula 以及 Frank Copula 模拟价格与单位产量的联合概率分布，在此基础上进行作物收入保险定价。

基于 Copula 函数的作物收入保险定价原理。一是利用备选的 Copula 函数找出一个与实际农产品价格与单产联合概率分布最接近的 Copula 函数来拟合价格与单产组合的实际联合分布；二是采用模拟法用找到的这个 Copula 函数进行抽样，在一定的保障水平下计算作物收入保险的保费。

Copula 理论是构造多元联合分布以及随机变量间相关结构分析中的方法，直到最近几年才在金融领域逐渐运用起来。传统的度量金融时间序列线性相关关系的方法无法对时间序列的尾部相关特性（包括非线性、非对称性）进行细致的刻画，而应用 Copula 函数可以将多变量间的相依结构和单个变量的边际分布分开研究，可以更好地掌握极端变异事件同时出现的概率。

由于 Copula 函数可以用来描述联合概率分布，且比常见的假设农产品价格与单产相互独立的参数分布更能准确地描述农产品价格与单产的联合分布，故运用 Copula 函数对农产品价格与单产联合分布进行拟合，能够较好地进行作物收入风险定价。

应用基于 Copula 函数进行作物收入保险定价，可以解决已有研究中忽视农产品价格与单产相互联系的问题，这种收入保险定价会使保险公司的农业保费更加合理，促进作物保险事业的发展。

要对作物收入保险的保费进行定价，首先，采用参数法估计出决定作物收入的单产以及价格的概率密度模型，在此基础上选择适当的 Copula 模型并估计其参数，直接利用 Copula 模型计算出的联合概率密度计算收入保费存在一定的困难，文中采用模拟法进行 10000 次抽样，利用抽样得出的样本参照公式（3－1）、公式（3－2）以及公式（5－18）最终完成保险定价。

二、产出分布测定

不同地区的作物在不同的自然及社会条件下，其生产风险所服从的分布可能呈现出较大的差异。Day[112]研究作物产量分布时认为作物产量适合用有负偏的 Beta 分布来拟合。Gallagher[113]以美国的大豆产量分布为例说明，作物产量分布可能是非对称的负偏分布，他提出采用正态分布来进行费率厘定存在不合理性，进而改用 Gamma 分布函数对大豆产量分布进行了模拟。Nelson[114]以美国玉米产量分布为例再次证实了作物产量分布是负偏的，并利用 Beta 分布对作物产量分布进行拟合。

参照国内外的相关研究，首先，选取 Logistic、Beta、Gamma、Normal、Weibull 五种分布作为候选模型；其次，利用 AD、K－S 以及卡方统计量为标准，选择最适合的分布模型。由于 AD 检验更为稳健，所以当三种检验方法的检验结果不同时，以 AD 检验结果为准。检验结果如表 5－1 所示。

表 5－1　阜阳三种农产品单产风险的概率分布拟合优度检验结果

分布	玉米单产						大豆单产						小麦单产					
	KS		AD		Chi－Squared		KS		AD		Chi－Squared		KS		AD		Chi－Squared	
	stat.	rank	stat.	rank	stat.	rank	stat.	rank	stat.	rank	stat.	rank	stat.	rank	stat.	rank	stat.	rank
Logistic	0.098	3	0.28	1	0.952	5	0.138	3	0.556	3	4.809	5	0.116	2	0.468	1	0.2	1
Beta	0.1	4	2.045	5	0.333	2	0.192	5	2.201	5	0.333	1	0.103	1	2.037	4	1	2
Gamma	0.09	2	0.582	4	0.445	3	0.162	4	0.657	4	3.009	3	0.151	4	1.164	3	1.645	3
Normal	0.084	1	0.307	2	0.543	4	0.13	1	0.377	2	4.126	4	0.122	3	0.644	2	12	4
Weibull	0.133	5	0.574	3	0.117	1	0.135	2	0.359	1	2.178	2	0.236	5	2.942	5	14.341	5

从表 5－1 中可看出所选取的单产数列并不服从 Normal 分布。经去趋势处理的小麦以及玉米单产服从 Logistic 分布，大豆单产风险序列服从 Weibull 分布。这

种结果与当前的相关研究中多事先假设农产品单产服从的某种分布（如 Normal 或 Beta 分布）存在着较大差异。

三、价格分布测定

在当前的收入保险设计过程中，CRC 假设农产品的价格服从正态分布，RA 则假设作物价格服从 Log - Normal 分布。Goodwin[164] 等的经验研究表明，价格分布一般具有正偏性，且其尾部比一般的正态分布厚。与测定单产分布一样，对经去趋势处理的月度数据，文中也参照相关研究选取五种常见的农产品期货月度指数价格的概率分布模型 Burr、Log - Logistic、Logistic、Log - Normal、Normal 作为候选模型，依照 AD、K - S 检验以及卡方统计量选择适合的分布模型，分析结果如表 5 - 2 所示。通过分析结果可以看出，去趋势处理后的农产品期货价格数据也都不服从正态分布，其中，玉米以及小麦价格均服从 Burr 分布，而大豆价格数据则服从 Logistic 分布。

表 5 - 2　期货价格风险的概率分布拟合优度检验结果

分布	玉米价格						大豆价格						小麦价格					
	KS		AD		Chi - Squared		KS		AD		Chi - Squared		KS		AD		Chi - Squared	
	stat.	rank	stat.	rank	stat.	rank	stat.	rank	stat.	rank	stat.	rank	stat.	rank	stat.	rank	stat.	rank
Burr	0.087	1	0.21	1	0.317	1	0.094	2	0.3	2	0.455	4	0.064	1	0.15	1	0.948	4
Logistic	0.123	5	0.392	3	0.881	3	0.09	1	0.295	1	0.439	2	0.074	3	0.202	3	0.96	5
Log - Logistic	0.096	2	0.323	2	0.462	2	0.094	3	0.303	3	0.46	5	0.066	2	0.164	2	0.93	3
Log - Normal	0.116	4	0.498	5	3.58	5	0.111	5	0.441	5	0.445	3	0.088	4	0.295	4	0.7	1
Normal	0.109	3	0.449	4	3.57	4	0.104	4	0.438	4	0.414	1	0.095	5	0.332	5	0.722	2

四、产出与价格联合分布的确定

在选择出单产以及价格服从的最优分布后，用 Copula 方法分析两者间的相互关系。对于 Copula 来说，仅需要知道变量的边际分布或者非参数边际分布，便可以对变量间的相互关系进行研究，不需要事先对变量间的相互关系进行测定。采用两阶段极大似然估计法[162]对 Elliptic Copula 族的 Normal Copula 以及 Archimedean Copula 族的 Frank Copula 进行参数估计得出结果如表 5－3 所示。

表 5－3　Copula 测量单产及价格联合分布的结果

作物种类	Copula 函数类型	参数（θ）	Kendall's Tau	Log－likelihood
玉米	Normal	－0.216	－0.138	7221.3
玉米	Frank	－1.428	－0.155	7984.9
大豆	Normal	－0.065	－0.045	673.4
大豆	Frank	－0.544	－0.06	1460.8
小麦	Normal	－0.064	－0.041	645.1
小麦	Frank	－0.23	－0.023	210.9

根据上表，Log－likelihood 值较大 Copula 模型估计效果更好，因此玉米、大豆及小麦三种农产品单产及价格联合概率密度的最优 Copula 模型分别为：Frank Copula、Frank Copula 及 Normal Copula。由上表可以看出，玉米、大豆及小麦三种农产品的价格与单产间均存在着较弱的负向相关关系，相关系数较小，分别为－0.155、－0.06 以及－0.041。

为了更明确地表示价格与产量间的结构，下面以玉米的两种 Copula 连接函数的三维分布图和等高线图为例进行形象的展示。

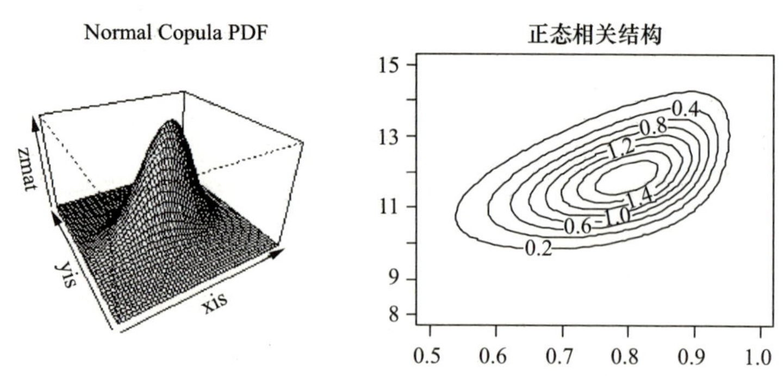

图 5－1　玉米 Normal Copula 的分布密度图及等高线图 θ＝－0.126

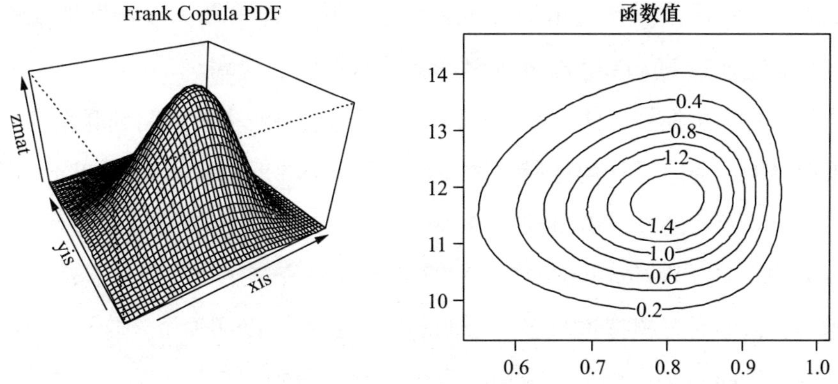

图 5－2　玉米 Frank Copula 的分布密度图及等高线图 θ＝－1.428

相应的边际分布的参数如表 5－4 所示。

表 5－4　三种作物价格及单产风险概率分布拟合结果

产品种类		最优分布	参数值
玉米	单产	Logistic	Location＝4745.69，Scale＝575.90
	价格	Burr	Shape1＝2.62，Shape2＝46.47，Scale＝1932.25
大豆	单产	Weibull	Shape＝4.62，Scale＝1671.33
	价格	Logistic	Location＝3833.62，Scale＝121.91
小麦	单产	Logistic	Location＝5209.12，Scale＝564.79
	价格	Burr	Shape1＝0.797，Shape2＝95.69，Scale＝2272.46

五、保险费率的测定

对于单产风险来说，可以直接利用参数法或者非参数核密度法通过直接积分计算得出的概率密度直接计算出其保险费率。

收入风险由价格风险以及单产风险同时决定，可以通过 Copula 方法计算两个变量的联合概率密度。假设随机变量 X 和 Y 分布代表作物单位产量和单位价格的风险，它们的边缘分布分别为 $F_1(x)$ 和 $F_2(y)$，则存在唯一的 Copula 函数

$C[F_1(x), F_2(y)]$。测算出相关 Copula 参数以后，具体 Copula 函数的解析式很难求出，本书通过 Monte Carlo 模拟法求解收入保险的费率。

作为一种随机模拟方法，Monte Carlo 模拟通过将所求解的问题联系到一定的概率模型之上，通过统计模型或者抽样来得到问题的近似解。Monte Carlo 模型法于 20 世纪 40 年代随原子能事业的进步而发展，并且逐步渗透到诸多研究领域。费利穆·鲍意尔（Phelim Boyle）于 1977 年首先将资产定价与随机资产路径模拟关联起来，认为通过模拟资产多种可能的未来路径可以增加资产定价的准确性，在这之后，Monte Carlo 模型法在期权定价问题上得到了广泛的应用。具体来说，采用 Monte Carlo 方法的好处在于，不直接利用资产的有关统计数据或者有关统计数据来估计函数的参数，而是利用其可能的函数形式，并估计其参数，然后利用相应的“随机数发生器”产生符合需要的大量数据，在此基础上再进行分析推断[165]。

本章中设计的保险定价方法，以 Copula 连接结构为基础，求解过程复杂，用常见的计算机求解方法实现。以 Monte Carlo 模拟法为基础，为作物保险定价。

Monte Carlo 法的模拟步骤[166]有以下四种：

（1）根据选定的 Copula 函数，生成［0，1］上均匀分布的随机数序列 u_1、u_2；

（2）依照前面生成的边缘分布函数，计算出与（1）生成的随机数对应的原函数值：$x_1 = F_1^{-1}(u_1)$、$x_2 = F_2^{-1}(u_2)$。

（3）将 x_1、x_2 分别作为作物单产及农产品价格，将其乘积作为收入可能得到的样本值。

（4）按照既定的保障水平（如 85%），计算小于该保障水平的收入可能得到的赔付值，除以收入平均值，便可得到收入保险费率。

在上述的三个 Copula 的基础上，分别抽样 10000 次，得到 10000 对单产与价格数据。将得到的成对的单产与价格数据相乘，做为作物收入保险的样本收入。将得到的产量数据按照不同地域的种植面积进行加权平均，取得样本值的平均数，作为期望的产量。通过公式（4－1）来计算预期损失，用预期损失除以一定保障水平的预期收入便可得到保险公正的保险费率，设 α 为保障水平，$\hat{Y}$为预期收入，则公正的保险费率：

$$r=\frac{ExpectedLoss}{\alpha\hat{Y}} \quad (5-18)$$

为了便于比较，表5－4中同时列出以参数分布以及非参数核密度方法计算出来的单产纯风险费率，所有费率中不包含管理费用、巨灾准备金等相关费用。将得到的产量与价格数据相乘作为收入样本值，取得的收入样本值的平均数作为期望的收入值。设α为保障水平，$\hat{Y}$为预期收入，根据Goodwin（1998）[167]在测算概率分布的公式（5－1）及公式（5－18）计算作物收入保险的费率。

为了便于比较，表5－5中同时列出以参数分布以及非参数核密度方法计算出来的单产风险费率，所有费率中不包含管理费用、巨灾准备金等相关费用。按照15%的绝对免赔率考虑，在85%的保障水平下，阜阳市玉米、小麦以及大豆的核密度产量保险费率以及参数法计算的产量保险费率与现行的以作物物化成本为保障金额的5%、4%以及6%的政策性农业保险的费率存在明显差异，究其主要原因，一是1991年小麦单产发生巨大损失，而大豆与玉米则无此巨灾，在保险费率中没有体现出来；二是现行的政策性农业保险的保障金额为作物生产的物化成本，此成本远低于以预期产量计算出来的预期收益，但政策性农业保险的玉米以及大豆的费率却明显高于以预期产量为标的的纯保险费率，小麦的政策性产量保险费率却低于以预期产量为保险标的的费率。

表5－5 三种农产品收入以及单产保险费率

保障水平	玉米收入	玉米产量保险		小麦收入	小麦产量保险		大豆收入	大豆产量	
	保险	核密度	Logistic	保险	核密度	Logistic	保险	核密度	Weibull
100%	0.0819	0.0553	0.036	0.07444	0.1194	0.1002	0.102	0.0559	0.0374
95%	0.0628	0.0455	0.0276	0.0548	0.0969	0.0758	0.0834	0.0465	0.0299
90%	0.0471	0.0373	0.021	0.039	0.0775	0.0554	0.0672	0.0381	0.0235
85%	0.0346	0.0306	0.0159	0.027	0.0613	0.0392	0.053	0.0305	0.0182
80%	0.0252	0.0252	0.012	0.0184	0.0484	0.0272	0.041	0.024	0.0138
75%	0.0181	0.0207	0.009	0.0124	0.0386	0.0185	0.0309	0.0185	0.0103
70%	0.013	0.0167	0.0068	0.0083	0.0315	0.0125	0.0227	0.0139	0.0075

再考虑收入保险，玉米和大豆的保险费率有以下特点：收入保险费率 > 核密度保险费率 > 参数保险费率。而小麦单产核密度保险费率最大，参数保险费率次之，收入保险费率最小。Kenneth Achkerman 指出，收入保险的费率一般低于产量保险的费率，但是在单产与价格的相关系数较小的时候，价格因素可能仅仅增加波动性，从而使最终收入保险的费率较高。考虑到上面的研究，玉米及大豆两种产品的价格与单产间均呈弱负相关，相关系数分别为 -0.155、-0.06，这可能是引起两者的收入保险保费高于产量保险保费的根本原因，而对于小麦，其单产与价格的相关系数为 -0.041，是三种农产品中相关系数最小的，按 Kenneth Achkerman 的说法，其相关度最小，其收入保险的保费却低于产量保险的保费，这可能是由于 1991 年阜阳市的小麦产量单产减产幅度达 75.3%，这个罕见的巨灾使得在 30 个去趋势的产量为样本计算出的保费高于以模拟法得到 10000 个样本的 Copula 方法计算出的收入保险保费。

此外，同一保障水平的非参数核密度估计得出的单产保险费率均大于参数法得出的保险费率，这是因为非参数核密度法对于单产风险的厚尾性给予了充分考虑。

第四节　政策性作物收入保险保费收入构成分析

一、三种作物总共收得的保费

以安徽省阜阳市 2010 年的不同作物的种植面积为基础，计算如果保险公司在政府补贴管理费用（一般按照保险费的 20% 计算）的前提下，总共收取多少保费，才可以与承保的自然灾害相抵，本节计算的保费，仅为纯保险费率。只有保险公司收得足够的保费，才可能提供相应的保险品种，农民的需求才能得到有效的满足。

以 2010 年阜阳市的三种作物的种植面积、每亩土地的最终保额以及保险费率为基础，可以测得保险公司开办三种作物保险可以收得的保费。假设三种作物均存在中央以及地方各级政府的补贴，农户会在作物收入保险产品与产量保险产品间作出选择。

表 5-6　2011 年阜阳市三种作物的相关指标

种类	产量预计（斤/亩）	价格（元/吨）	种植面积（公顷）	预计产值（元）
玉米	1137.68	1877.87	187106	2998020686
小麦	1056.8	2282.14	489446	8853217518
大豆	417.68	3834.1	200138	2403797809

假设 2011 年阜阳市推出上述作物收入品种，那么农户会在收入保险险种与作物产量保险险种间作出选择。由于农户对于价格波动比较敏感，因此假设参加作物保险的农户们在作物收入保险与产量保险间作出同等概率的选择，并假设所有土地均参加作物保险，那么政策性作物收入保险将为上述三种作物一半的产值提供风险保障。表 5-7 中计算不同参保水平的保费预计收入，是某一作物所有的产值均投保某一水平的收入保险，需要缴纳的保费，如产值为 1499010343 元的玉米全部投保 100% 保障水平的作物收入保险，保险公司想要收取的保费为 245567894.2 元。

表 5-7　保险公司收入保险纯保费预计收入　　单位：元

作物种类	参保产值	预计收入（100%）	预计收入（85%）	预计收入（70%）
玉米	1499010343	245537894.2	103731515.7	38974268.92
小麦	4426608759	658679383.3	239036873	73481705.4
大豆	1201898904	245187376.5	127401283.9	54566210.26
总和	7127518006	1149404654	470169672.6	167022184.6

注：表 5-7 括号中为保障水平。

从表 5-7 可以看出为了给阜阳市玉米、小麦及大豆三种作物开展作物收入保险，不同保障水平下保险公司所要求的是最低保费。通过农业保险几十年的实践经验发现，须政府介入到保险产品的实施过程中去，对保费进行补贴。接下来分析按照不同种的补贴方式以及补贴比例，各级财政需要支付的具体补贴数额，这对于增强本书中收入保险产品的可行性可以起到指导性的建议。

二、政策性收入保险保费收入构成设计

因为我国现在尚未开发政策性收入保险险种，因此，没有相关保险补贴经验可以借鉴。因此，以当前实行的政策性作物产量保险的补贴比例以及美国现行的收入保险的保费补贴比例为基础，计算在政府参与的情况下，政策性收入保险的保费缴纳各方实际应该支付的保费。

美国议会于2000年通过了至今未改的《农业风险保障法案》并在2008年对其进行了修订，其中明确规定，农户参与农业保险将会得到政府的保费补贴，但是具体的补贴标准被严格限制在65%保障水平的保费59%的水平。具体来说，对于作物产量保险险种以及收入保险险种，如果其在政府补贴范围之内，不同保障水平的保费均给以41%的折扣，这个折扣实际上是由政府通过其税收来埋单的。在这之前，2000年该法案刚刚公布的时候，作物保险的补贴额为65%保障水平的产量保险保费的41.7%。通过2008年的这次改革，农户参与收入保险的成本更加低廉。这次变革以后，农户以极快的速度转移到作物收入保险体系中去①。在美国现行的农业保险补贴办法中，保障水平为70%的农业保险保费补贴比例为59%，保障水平为75%的农业保险保费补贴比例为42%，保障水平为80%的农业保险保费补贴比例为25%，保障水平为85%的农业保险的保费补贴比例为2%。

结合财政部2008年公布的《中央财政种植业保险保费补贴管理办法》以及安徽省财政厅公布的2010年4月公布的《政策性农业保险实施办法》，以尽可能减轻农民保费负担、尽可能减少农民因灾损失为目标，本书研究的玉米、水稻以及大豆均在2010年安徽省政策性农业保险的体系之内，按照“低保障，广覆盖”

① http://www.card.iastate.edu/policy_briefs/display.aspx?id=1154.

的原则，对收入保险险种制定保费分摊比例[①]。

参照上述美国收入保险的经验，以及本书所研究的安徽省产量保险的具体补贴办法，下面在阜阳市具体保费收入构成的实例分析中，将采用浮动补贴水平以及同一等级的补贴水平进行计算。

浮动补贴水平补贴比例结合有关专家的建议，设为三个等级，保障水平为70%的收入保险费率补贴比例为80%，85%保障水平的收入保险费率补贴比例为70%，保障水平为100%的收入保险费率补贴比例为50%。

固定的收入保险补贴，由于收入保险价格较高，所以对农户承担的保险费比例进行适当的提高，按30%进行计算，也就是中央以及各级地方政府的补贴比例为70%，具体分摊比例为中央财政补贴35%，省级财政补贴25%，县级财政以及龙头企业共补贴10%，农户自行承担30%。

三、安徽省阜阳市实际作物保险收入构成实例分析

本章第二节在构建出作物收入保险保费厘定模型之后，以安徽省阜阳市的单位面积产量数据以及2008年1月~2010年6月共30个月的期货价格数据为基础，进行了实证研究，厘定出作物收入保险的保费构成。在计算的过程中，由于不同种植农户可能选择不同水平的收入保险进行投保，因此，假设有10%的农户投保100%水平的作物保险，有70%的农户投保保障水平为85%的作物收入保险，有20%的农户选择投保保障水平为70%的作物保险。之所以做这种假设，是因为有国家粮食保护价格政策的支持，作物收入波动的幅度不会很大，但是100%保障水平的作物收入保险的保费又超出一些农户的最大支付意愿，所以假设大部分农户选择85%保障水平的收入保险。

1. 按不同保障水平同一补贴比例的保费收入结构计算

在以上假设的基础上计算出不同保障水平下的作物收入保险保费收入构成。如表5-8所示，是在100%保障水平下中央、省级、县级各级政府需要补贴的保

---

① http://www.ah.gov.cn/showcontent.asp?newsid={BB5EB317-D8D5-4D54-B0F4-8157E86E6128}.

费数量，同时还计算出在农户每亩土地需要缴纳的保费。从中可以看出，在100%的保障水平下，玉米、小麦、大豆每亩参保农作物农户需缴付的保费分别为13.12元、13.46元以及12.25元，每亩缴纳的保费均超过了10元。

表5-8　100%保障水平70%补贴水平下阜阳作物收入保险保费构成

单位：元

作物种类	中央政府补贴	省政府补贴	县财政补贴	农户缴付	亩均保费	亩均农户缴付
玉米	4296913.15	3069223.68	1227689.47	3683068.41	43.74	13.12
小麦	11526889.21	8233492.29	3293396.92	9880190.75	44.86	13.46
大豆	4290779.09	3064842.21	1225936.88	3677810.65	40.84	12.25
总和	20114581.45	14367558.18	5747023.27	17241069.81	—	—

表5-9　85%保障水平70%补贴水平下阜阳作物收入保险保费构成

单位：元

作物种类	中央政府补贴	省政府补贴	县财政补贴	农户缴付	亩均保费	亩均农户缴付
玉米	12707110.68	9076507.63	3630603.05	10891809.15	18.48	5.54
小麦	29282016.94	20915726.39	8366290.55	25098871.66	16.28	4.88
大豆	15606657.27	11147612.34	4459044.94	13377134.81	21.22	6.37
总和	57595784.89	41139846.35	16455938.54	49367815.62	—	—

可以看出，按照参保比例占70%的保障水平为85%的保险的保费计算结果，三种作物每亩需要缴纳的保费分别为玉米5.54元/亩、小麦4.88元/亩、大豆6.37元/亩，略高于现行政策性产量保险的保费玉米、小麦和大豆的保险费率分别为5%、4%以及6%。

表5-10　85%保障水平70%补贴水平下阜阳作物收入保险保费构成

单位：元

作物种类	中央政府补贴	省政府补贴	县财政补贴	农户缴付	亩均保费	亩均农户缴付
玉米	1364099.41	974356.72	389742.69	1169228.07	6.94	2.08

续表

作物种类	中央政府补贴	省政府补贴	县财政补贴	农户缴付	亩均保费	亩均农户缴付
小麦	2571859.69	1837042.63	734817.05	2204451.16	5.00	1.50
大豆	1909817.36	1364155.26	545662.10	1636986.31	9.09	2.73
总和	5845776.46	4175554.61	1670221.85	5010665.54	—	—

2. 按不同保障水平不同补贴标准的保费收入构成分析

由于不同的农户有不同的风险偏好，对于保险产品所保障的风险的大小，各级财政可能给予不同比例的补贴方式。按照本节的假设，假设保险公司只推出70%、85%以及100%三种保障水平的保险产品，按照80%、70%以及50%的标准，下文将展开具体的计算。假设，由于100%保障水平下5%的补贴水平导致的保费的提高，致使参与100%保障水平的农户数量减少一半，也就是说只有5%的农户参与100%保障水平的保险，另外5%的农户转移到85%保障水平的参保群体中。

表5－11　100%保障水平50%补贴水平下阜阳作物收入保险保费构成

单位：元

作物种类	中央政府补贴（20%）	省政府补贴（20%）	县财政补贴（10%）	农户缴付（50%）	亩均保费	农户缴付
玉米	1227689.47	1227689.47	613844.74	3069223.68	43.74	21.87
小麦	3293396.92	3293396.92	1646698.46	8233492.29	44.86	22.43
大豆	1225936.88	1225936.88	612968.44	3064842.21	40.84	20.42
总和	5747023.27	5747023.27	2873511.64	14367558.18	—	—

注：括号中为不同保险主体承担保费的比例。

表5－12　85%保障水平70%补贴水平下阜阳作物收入保险保费构成

单位：元

作物种类	中央政府补贴（35%）	省政府补贴（25%）	县财政补贴（10%）	农户缴付（30%）	亩均保费	农户缴付
玉米	13614761.44	9724829.601	3889931.84	11669795.52	18.48	5.54

续表

作物种类	中央政府补贴（35%）	省政府补贴（25%）	县财政补贴（10%）	农户缴付（30%）	亩均保费	农户缴付
小麦	31373589.58	22409706.84	8963882.737	26891648.21	16.28	4.88
大豆	16721418.51	11943870.36	4777548.145	14332644.44	21.22	6.37
总和	61709769.53	44078406.81	17631362.72	52894088.17	—	—

表5－13　70%保障水平80%补贴水平下阜阳作物收入保险保费构成

单位：元

作物种类	中央政府补贴（40%）	省政府补贴（30%）	县财政补贴（10%）	农户缴付（20%）	亩均保费	农户缴付
玉米	1558970.76	1169228.07	389742.69	779485.38	6.94	1.39
小麦	2939268.22	2204451.16	734817.05	1469634.11	5.00	1.00
大豆	2182648.41	1636986.31	545662.10	1091324.21	9.09	1.82
总和	6680887.38	5010665.54	1670221.85	3340443.69	—	—

注：括号中为不同保险主体承担保费的比例。

3. 保费构成计算结果分析

通过上述对安徽省阜阳市保费构成，按照不同补贴比例的具体计算，最终得出，如果推行政策性作物收入保险险种，中央以及地方各级政府应当支出总补贴数额。在不同补贴方式下，选择不同种保障水平的农户应当缴纳亩均保费数目。

不同保障水平的亩均保费数目并不相同，如果对于所有水平的保险给予相同水平的补贴，那么会产生对于选择高保障水平的农户的补贴额更多，而对低保障水平的保费补贴额少。如100%保障水平的保险，如果按照同一补贴比例70%进行补贴，则每亩需要的补贴额为30.62元；在不同保障水平不同补贴比例的情况下，按照50%的补贴标准，每亩只需要补贴21.87元，所以通过设置不同的补贴比例，可以使财政支持在不同的土地间得到更均匀的分配，使风险爱好型农户花较多的钱购买价格更高的保险产品。

在单一费率补贴方式下参保农户总共需要付出的保费额为 71619550.97 元，在不同保障水平不同补贴方式下参保农户总共需要付出的保费额为 70602090.03 元。按照不同保障水平不同补贴比例的方式对农业保险进行补贴，农户最终付出的保费有所减少，这并不是必然的，其主要原因是投保 100% 保障水平的土地数目减少，导致最终的补贴额减少。

第五节　本章小结

粮食是民生之本，粮价乃百价之基。本章以农作物的价格、产量数据为基础，利用 Copula 连接结构做出作物产量与价格的联合概率分布，以此作为作物收入保险定价的基础，并进行 Monte Carlo 模拟法抽样，最终完成作物收入保险费率厘定过程，在此基础上计算了安徽省阜阳市推行政策性收入保险，一半的种植户全投保收入保险，中央以及各级政府按照不同的补贴方式应当投入多少补贴资金对其进行支持。经过研究，得出以下结论。

1. 农产品价格收益率以及作物单产分布均不服从正态分布

在金融研究领域，一般假设资产的收益率服从正态分布。对于玉米以及小麦的月度价格来说，经检验，其收益率并不服从正态分布，呈现出尖峰厚尾特性。

参照国内外相关研究，对玉米、大豆和小麦的产量和价格分别以 Logistic、Beta、Gamma、Normal、Weibull 和 Burr、Log - Logistic、Logistic、Log - Normal、Normal 分布对其风险进行拟合，并按照 AD、K - S 以及卡方统计量进行选优。研究结果发现，选定的产量分布分别为 Logistic、Weibull、Logistic；最终选定的价格风险分布分别为 Burr、Logistic、Burr。这与目前我国多数学者在研究农产品生产风险的过程中，直接假设其服从某种分布——如 Normal 分布或 Beta 分布，所测得的风险更加符合实际，增加了风险估计的准确性，进而提高了费率厘定的合理性。

2. 以 Copula 模型为基础建立作物收入保险定价模型

利用两种 Copula 族——Normal（Elliptical）、Frank（Archimedian）——测量价格和单产风险间的相互关系，并通过 Kendall's Tau 作为两变量间的相关系数。两阶段极大似然估计的结果表明，价格风险和单产风险间存在着较弱的负向相关关系，玉米、大豆以及小麦的相关系数分别为 -0.155、-0.06 以及 -0.041。

通过模拟法计算得出了保障水平在 70% ~100% 的作物收入保险的纯保险费率，85% 保障水平的玉米、小麦以及大豆收入保险的纯费率分别为 3.45%、2.7% 和 5.3%。这一费率为开展作物收入保险提供了一个参照指标。

3. 价格与单产的相关系数对收入保险费率大小产生影响

通过对收入保险费率的整体观察发现，在收入及产量联合概率密度基础上采用模拟法求得的大豆的收入保险费率高于产量保险费率，这与 Achkerman（1998）提出的在单产与价格的相关系数较小时，价格因素可能会带来较高的保险费率的说法基本一致。保障水平在 80% 以上的玉米收入保险的费率高于产量保险的费率，75% 以及 70% 的非参数核密度保险的费率高于收入保险的费率，参数法计算得出的产量保险的费率最低。小麦的收入保险费率低于小麦单产保险费率，这种现象可以归结为阜阳市 1991 年发生的巨灾，导致小麦单产偏离预期产量较大，减产幅度高达 75.3%，产量风险的概率密度尾部较厚，以至于基于较小样本的参数分布以及非参数分布计算的小麦产量保险费率较高；而同时考虑价格风险以及单产风险的小麦收入保险，在计算费率的过程中，采用模拟法进行抽样 10000 次，以至于将巨灾对保险费率带来的影响得以弱化。

4. 阜阳市政策性收入保险保费结构分析

为了使收入保险产品定价的实证研究更具有实践性，本书在测算保险费率的基础上，结合阜阳市的玉米、小麦、大豆三种作物的种植面积、预计产量以及预计价格等数据，对推行作物收入保险公司要收取的保费总额及其在各级政府以及农户间的分配结构进行了试分析。

书中假设了采用不同保险水平的保险采用 30% 的单一费率的补贴方式以及

采用不同种保障水平不同补贴比例的补贴方式分别进行了讨论。最终计算出在两种补贴方式下农户最终需要付出的保费总额分别为 71619550.97 元和 70602090.03 元，也可以明显地看出 100% 保障水平的保险产品亩均农户实际缴纳的保费不同。对不同保障水平的保费设计不同比例的补贴，可以在农户间更均匀地分布各级财政的补贴额。

第六章　基于主力期货合约价格的大豆收入保险费率测定

第一节　问题缘起

自然风险和价格风险是农户面临的两种主要风险源。我国对粮食价格支持方式正处在改革的关键时期，当前主要考虑的改革方向有两种：一是通过目标价格保险为农户提供保护网，二是建立目标价格补贴。

近年来的中央一号文件明确指出发展目标价格保险，2014 年中央一号文件提出“逐步建立农产品目标价格制度”“探索农产品目标价格保险试点”等目标，2015 年中央一号文件进一步要求“积极开展农产品价格保险试点”、2016 年一号文件中提出“探索开展重要农产品目标价格保险……稳步扩大‘保险 + 期货’试点”。通过农业保险有效分散价格风险，建立符合我国农业保险产品结构发展的需要，当前我国不少地区已经开展针对不同种作物的目标价格保险试点。目标价格保险是当前我国重点实施的农产品价格改革政策措施之一，实行目标价格保险的直接政策目标是解决最低收购价格制度产生的问题（如粮食市场价格扭曲、国内外市场粮价倒挂等）、按照市场定价、价补分离原则，健全主要由市场决定粮食价格的机制[177]。但是纯粹的价格保险不完全具有可保性，可能不符合

农产品价格形成机制改革的实践方向，难以大规模推广①。

具体到大豆上，2007 年基于物化成本的政策性大豆保险开始实施，如 2015 年以黑龙江省开始试点，包括大豆在内的目标价格保险。根据安华农业保险公司公布的保险条例②以及各省政策性农业保险方案，政策性大豆保险的保险金额以大豆生产物化成本为基础，如 2016 年以辽宁、吉林、内蒙古三省区大豆保额在 166.7～250 元/亩。两种政策存在各自的局限性：政策性大豆保险保额较低，不能满足农户投保需求；大豆目标价格保险不符合 WTO“绿箱”政策的有关要求，应归于“黄箱”政策范畴。

涵盖农产品价格保险以及单产波动风险的收入保险以较高的保险金额满足农户的需求，比现行政策性农业保险能够提供更全面的保障；一定保障水平下满足 WTO“绿箱”政策的要求，比目标价格保险具有更强的政策可行性，是农业保险产业发展的重要探索方向。农业收入保险产品的开发及推广对于当前我国的农业政策改革以及农业安全网的建立具有重要的政策意义及理论意义。

本章的主要研究目的：以区县级单产时间序列数据以及期货合约收获期价格相对于种植期价格波动情况为基础，在考虑农产品价格及单产可能存在的相互关系的基础上，表达单产波动及价格波动的联合概率分布，利用 Copula 方法建立单产及价格风险联合概率密度，并以此为基础测算收入保险费率。以大连及所辖四区县大豆为例进行实证研究，测算基于大豆期货市场价格的预期收益及单位面积保费。

第二节 数据来源

本部分研究以 DCE 黄大豆 1 号期货合约收获期及种植期价格为基础测定价

① http：//www. financeun. com/News/201667/2013cfn/105431845400. shtml.

② http：//www. ahic. com. cn/plantingRisk/45371. jhtml.

格风险，结合大连市大豆单产数据采用 Copula 方法建立价格与产量联合概率密度，通过 Monte Carlo 方法模拟预期收益，并以此测算收入保险费率、保额及单位面积保费。

一、产量数据

鉴于区、县级年度连续数据的可得性，研究采用辽宁省大连市及其所辖的金州区、瓦房店、普兰店及庄河四个区县 1999 年以来的大豆单产数据，所有数据均来自历年《大连统计年鉴》。由于受科技、化肥、机械使用状况等农业生产条件的影响，作物单位面积产量序列数据可能存在时间趋势，大连四地大豆单产趋势如图 6-1 所示。

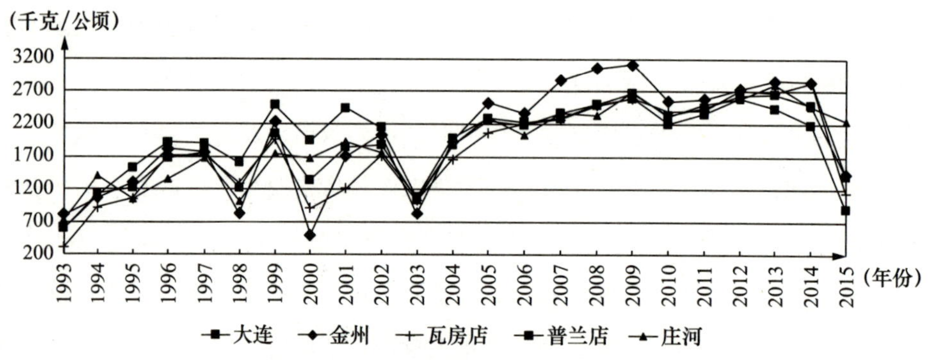

图 6-1　大连及四区县大豆单产趋势

采用 ADF（Augmented Dickey - Fuller）检验以及 PP（Phillips - Perron）检验对所有单产数据的时间序列数据进行检验，结果发现，样本五个大豆单产序列在水平状态下不平稳，五个序列的一阶差分平稳在 5% 显著性水平下平稳。因此，在进行单产风险测算之前对所有单产数据均采用直线滑动平均法进行去趋势处理。以实际单产 Y_t 为例，Y_t 分成预测的趋势产量 $\hat{Y}_t$ 以及随机波动量 e_t，其中，$Y_t = \hat{Y}_t + e_t$；然后将样本转换成以 2015 年为基期的产量：

$$\tilde{Y}_t = \hat{Y}_T(1 + e_t/\hat{Y}_t)\text{，其中，}t = 1999 \sim 2015\text{，}T = 2015 \quad (6-1)$$

经模拟对比，数据的步长 K 选择 10。经过去趋势处理的单产数据将在下一步单产分布的计算中被利用到。

二、价格数据

研究中以大连商品交易所（DCE）大豆期货合约价格数据为基础，测算大豆的价格风险。大连商品交易所（DCE）从 1999 年 1 月 4 日开始黄大豆 1 号期货合约交易，交易的主要是国产的非转基因大豆，包括大连市在内的东北地区所种植的大豆均为此类大豆。其大豆 1 号期货合约每年共有 6 个期货价格合约进入交割——1 月、3 月、5 月、7 月、9 月、11 月。根据我国农产品期货合约具体发展实践来看，包括大连市在内的东北地区农民多在 5 ~ 6 月种植大豆，过年前后销售农产品；同时我国的农产品期货交易实践中每年 1 月、5 月、9 月的期货合约为主力合约。因此，取 1 月期货合约在农户开始大豆种植的 3 月的日价格均值为种植期价格，取 1 月大豆期货合约 12 月的日价格均值为收获期价格。研究中使用的大豆期货价格数据跨度为 1999 年 3 月 ~2015 年 12 月，所有的价格数据来自 Wind 数据库。

将大豆期货合约 3 月的日平均价格 P_t^3 及 12 月合约的月平均价格 P_t^{12} 进行线性回归。

$$P_t^{12} = \underset{(1.84)}{899.6943} + \underset{(5.28)}{0.7189}P_t^3 \quad (t = 1999 \sim 2015)$$

可以发现 1 月大豆期货合约价格 3 月的日均价格与 12 月日均价格间存在着明显的相关关系；在大豆种植期 3 月开始前，可以较好地预期 12 月份的期货合约日均价。假设大豆期货合约价格服从 Log - Normal 分布[181]，用 1 月大豆期货合约 12 月均价对数值与 3 月均价的对数值之差表示价格的波动：

$$\tilde{P} = \ln P_t^{12} - \ln P_t^3 \quad (6-2)$$

第三节 实证分析

一、边际分布测定

1. 产量分布测定

不同地区的作物在不同的自然及社会经济条件下，其生产风险所服从的分布可能呈现出较大的差异。Day[112]研究农作物产量分布时认为农作物产量适合用有负偏的Beta分布来拟合。Gallagher[113]以美国的大豆产量分布为例说明，农作物产量分布可能是非对称的负偏分布，他提出采用正态分布来进行费率厘定存在不合理性，进而改用Gamma分布函数对大豆产量分布进行了模拟。Goodwin[180]利用Weibull分布对作物单产风险进行拟合。

利用测定作物单产风险常用的Normal、Beta及Weibull分布对大连市及所辖四个区县的去趋势调整后的单产进行拟合，利用AD、K-S以及卡方统计量为标准，选择最适合的分布模型。由于AD检验更为稳健，所以当三种检验方法的检验结果不同时，以AD检验结果为准。分析发现Weibull分布的拟合效果最好，检验结果及拟合结果如表6-1、表6-2所示。

表6-1 大连及所辖四县区大豆单产风险的概率分布拟合优度检验结果

地区 / 分布	大连			金州			瓦房店			普兰店			庄河		
	AD	KS	卡方	AD	KS	卡方	AD	KS	卡方	AD	KS	卡方	AD	KS	卡方
Weibull	0.78	0.20	6.29	0.77	0.20	3.47	0.78	0.20	8.18	0.88	0.19	4.88	0.27	0.12	1.12
Normal	1.04	0.21	7.24	0.83	0.21	4.88	0.85	0.20	4.88	1.49	0.27	7.71	0.64	0.18	2.06
Beta	2.53	0.20	5.35	0.84	0.21	4.88	0.85	0.19	4.88	8.63	0.26	5.82	7.83	0.15	1.12

表 6-2　大连市以及四个区大豆单产风险 Weibull 分布拟合结果

地区	形状	规模
大连	7.0379	1.0571
金州	3.8636	1.0820
瓦房店	5.2256	1.0566
普兰店	6.6859	1.0625
庄河	10.4823	1.0551

2. 价格分布测定

假设大豆期货价格服从 Log-Normal 分布，则价格波动 $\tilde{P}$ 服从正态分布，具体拟合结果如下：$\tilde{P} \sim N(0.9877, 0.1693)$。

二、基于 Copula 的价格与产量联合概率密度的确定

用参数法分别测定大连市及其所辖四区县的单产在最优密度函数以及大豆期货价格密度函数的基础上，利用 Copula 方法建立单产与价格的联合概率密度。Copula 方法不需要事先对变量间的相互关系进行测定，仅知道变量的边际分布便可以建立联合分布函数，Kendall's Tau 用以表示两个边际分布之间的相关关系，Kendall's Tau 的具体值与边际密度形式无关，仅与选取的 Copula 有关。采用两阶段极大似然估计法对 Elliptic Copula 族的 Normal Copula 以及 Archimedean Copula 族的 Frank Copula 法得出的联合边际概率密度函数进行参数估计得出结果如表 6-3 所示。Log-likelihood 值较 Copula 模型估计效果更好，因此，大连市及其所辖四区县联合概率密度的最优 Copula 模型分别为：Normal Copula、Frank Copula、Normal Copula、Normal Copula 及 Normal Copula。Kendall's Tau 系数均为负。可以看出，大连市及所辖四个区县大豆单产风险与价格波动间均存在着负向相关关系，在开发作物保险产品的过程中，若忽略这种负向相关关系，会对稳健的保险费率的测定产生一定的影响。

表 6－3 Copula 方法确定各区县单产联合分布的结果

地区	Copula 函数类型	参数（θ）	Kendall's Tau	Log－likelihood
大连市	**Normal**	**－0.09996**	**－0.06351**	**0.08863**
	Frank	－0.68710	－0.07599	0.07527
金州	Normal	－0.06235	－0.03972	0.03447
	Frank	**－0.51030**	**－0.05655**	**0.04204**
瓦房店	**Normal**	**－0.02132**	**－0.01357**	**0.00381**
	Frank	－0.01357	－0.02168	0.00007
普兰店	**Normal**	**－0.11630**	**－0.07421**	**0.13470**
	Frank	－0.90200	－0.09942	0.12870
庄河	**Normal**	**－0.11790**	**－0.07523**	**0.13070**
	Frank	－0.63830	－0.07064	0.08307

1. 收入保险费率的测定

Goodwin（1998）在测算概率分布的基础上，通过公式（6－3）来计算预期损失：

$$ExpectedLoss(y) = prob(y < \alpha\hat{Y})[\alpha\hat{Y} - E(y \mid y < \alpha\hat{Y})] \quad (6-3)$$

式（6－3）中，α 为保障水平，$\hat{Y}$为预期产量。

公正的保险费率：

$$r = \frac{ExpectedLoss}{\alpha\hat{Y}} \quad (6-4)$$

由于具体 Copula 函数的解析式难以求出，所以通过 Monte Carlo 模拟法求解收入保险的费率。对用 Copula 方法求得的联合概率密度，分别抽样 10000 次，得到 10000 组产量风险及价格风险数据。利用公式（6－1）与公式（6－2）求得模拟的单产及价格数据，并将其相乘得到 10000 组模拟收入值，取模拟收入值的平均数，作为期望的收入。在此基础上利用公式（6－4）计算联合产量及价格风险的收入保险的保费。为基于 Copula 方法以大连市及所辖四区县的大豆单产及大连商品交易所黄大豆 1 号期货合约价格数据为基础测算的收入保险纯保险费率，所有费率中不包含管理费用、巨灾准备金等相关费用。

表 6-4　大连市及四辖区县大豆收入纯保险费率　　单位:%

保障水平	大连	金州	瓦房店	普兰店	庄河
100%	9.19	13.17	11.15	9.39	7.86
95%	7.23	11.29	9.22	7.42	5.86
90%	5.51	9.54	7.47	5.69	4.18
85%	4.07	7.93	5.91	4.22	2.85
80%	2.90	6.48	4.56	3.01	1.84
75%	1.98	5.19	3.42	2.07	1.13
70%	1.30	4.07	2.49	1.37	0.65

2. 保额及保费测算方案

在测定出保险费率的基础上，依照表 6-5 所列示的单位面积保额计算方案，以大连商品交易所黄大豆 1 号 1 月期货合约 3 月日均值数据作为预期价格数据，以及大连市及所辖四区县的前五年单位面积产量中去除最大值及最小值的三年平均值作为预期产量，以预期产量以及预期价格的乘积作为大豆收入保险的预期收益，分别测算不同保险水平的保额及保费，测算方法如表 6-5 所示。

表 6-5　大连市大豆收入保险保费及保额计算方案

项目	计算方案	2016 年大连市算例
最大保额	前五年单产扣除最大值最小值的平均值 × DCE 1 月大豆期货合约 3 月日价均值	2530 千克/公斤 × 3495.82 元/吨 ÷ 1000 千克/吨 ÷ 15 亩/公顷 = 589.63 元/亩
实际收入	实际产量 × DCE 1 月大豆期货合约 12 月日均价	以实测产量及价格数据为准
保费	保额 × 保障水平 × 相应费率	85% 保障水平：589.63 元/亩 × 85% × 4.07% = 20.40 元/亩

表 6-6 是依照表 6-5 中的测算方案，以大连商品交易所 2016 年新大豆期货合约 3 月月平均价格为基础，同时结合表 6-4 中的收入保险费率测算出来的大连市以及所辖四区县 2016 年单位面积保费。

表6-6　基于种植期2017年1月期货合约价格的大豆收入保险保费

单位：元/亩

保障水平	大连	金州	瓦房店	普兰店	庄河
100%	54.19	83.57	67.57	50.93	46.30
95%	40.50	68.06	53.08	38.23	32.79
90%	29.24	54.48	40.74	27.78	22.16
85%	20.40	42.77	30.44	19.46	14.27
80%	13.68	32.89	22.11	13.06	8.67
75%	8.76	24.70	15.54	8.42	4.99
70%	5.37	18.08	10.56	5.20	2.68

注：2016年新大豆1月期货合约3月的日价格均值为3495.82元/吨。以此测算大连、金州、瓦房店、普兰店及庄河的最高保额分别为：589.63元、634.53元、606.02元、542.40元及589.01元。若按2016年国家发改委公布的大豆目标价格4800元/吨计算保额，单位面积保费会明显升高。

由表6-4、表6-6可以看出，不同地区的保额、费率及单位面积保费均有明显差异。金州的保险费率、保额及单位面积保费均明显高于其他三个县区，究其原因是金州地区2000年地区平均产量仅为正常年份的30%，对产量风险产生显著影响，最终影响了保费水平。

大连市所辖四个县区的收入保险保费与大连市整体收入保险保费的明显差异说明，可能在收入保险费率测定中以较小的地块产量数据作为风险测算的基础，更能反映产量风险的真实情况。单产数据及反应市场风险的价格数据是保险方案设计的重要制约因素。因为测算中使用的数据均为区域平均单产数据，较小地区的单产波动被平抑，因此表6-4及表6-6可能低估了实际的风险情况。

以黄大豆1号期货合约为基础的收入保险的预期单位面积收益低于当前国家大豆托市收购政策下农户的预期收益值，由于单依靠此收入保险不能有效保障农户当前预期收益水平。所以若政府取消托市收购政策，仅依靠市场及基于期货市场价格的农业保险不能同时满足保障农民收益和分散农户自然及市场风险两个目标，需要配合其他农业支持政策。

第四节 本章小结

纯粹的价格保险可能不符合农产品价格形成机制改革的实践方向，同时价格保险政策本身不完全具有可保性，难以大规模推广……而收入保险属于 WTO 绿箱政策，更具有可保性，同时符合农产品价格制度改革的实践方向①。本书以大连商品交易所黄大豆 1 号期货合约价格、大连市及其所辖四县区的大豆单产数据为基础，测算大豆在收获期价格较种植期价格波动、单产波动情况的基础上，以 Copula 方法测算出价格与单产联合概率密度，并通过 Monte Carlo 模拟测算出大豆收入保险的费率。

一、本书主要结论

1. 收入保险费率、保额存在明显地区差异

由于不同地域的生产条件、自然条件不同，致使最终计算出来的收入保险费率、最高保额存在明显差异。在农业保险业发展过程中，建议逐步搜集、积累更小地块、不同自然特征及农业生产特征的历史产量数据。精确、丰富的历史产量数据是制约我国农业保险业发展的关键因素之一。

2. 基于期货市场价格的收入保险无法维持农户预期收益水平

2016 年 3 月，大连商品交易所 1 月交割的黄大豆 1 号期货合约日均价格为 3495. 82 元，此价格明显低于国家发改委发布的 2016 年大豆目标价格 4800 元。因此，由黄大豆 1 号期货合约价格计算出的目标收益与农户在国家价格支持政策下可以得到的预期收益存在着较大差异。根据我国黄大豆 1 号期货合约价格发现功能发挥情况（王时芬、汪喆，2016）[10]，在取消托市收购政策之后，基于期货市场价格的收入保险所“保障”的收益可能低于现行托市收购政策执行过程中

① http：//www. financeun. com/News/201667/2013cfn/105431845400. shtml.

的目标收益。因此，进行价格支持政策改革时若要维持农户当前的预期收入水平，在作物保险保额与现行农户预期收益之间的差额部分，仍需要其他农业扶持政策予以补充。

3. 基于期货市场的农业保险无法完全取代粮食价格支持政策

收入保险按期货合约3月日均价计算的预期收益较低，即使按照国家目标支持价格4800元/吨计算，单位面积预期收益也仅809.6元/亩。在此保障水平下，扣除农业生产成本（以202.91元计）、土地成本（以250元计）、人工成本（以216.73元计）[①] 之后，边际利润情况不理想。

如下表6－7可以看出，将大连市大豆产品收入保险费率及保费与2015年辽宁省政策性大豆保险、两个试点地区水稻收入保险费率及保额相比较，可以发现，基于Copula方法的大豆收入保险方案比原有政策性农业保险大幅度提高了最高保额，然而扣除成本之后的边际利润仍不能满足农户预期。而现行试点的水稻价格保险通过历史现货平均价格以及历史期货平均价格两种不同的方式约定保险目标价格。但是考虑到目前稻谷市场因政府托市收购造成的价格倒挂等问题，若完全依靠农业保险为农户提供目标收益保障而采用收入保险，或者目标价格保险完全替代原有的价格支持政策，必将引起农业保险以高于市场价格的目标价格提供收入保障，此举将导致农业保险偏离分散风险的功能。

表6－7　不同险种保额、保费对照

险种	地区	最高保额	最高保额计算方法	保费
政策性大豆产量险	辽宁	200	物化成本	22元/亩（高风险） 20元/亩（低风险）
水稻价格保险	黑龙江庆阳农场	1034元/亩	前五年平均亩产除去最大值与最小值的平均值×70%×前5年水稻销售平均价格×80%	66元/亩
稻米价格保险	江苏常州市武进区	1500元/亩 1200元/亩	前三年稻谷平均产量×前两年CZCZ 11月粳稻期货交割价	90元/亩 72元/亩
大豆收入保险	辽宁大连市	589.63	前五年的单产除去最大值及最小值的平均值×DCE 1月大豆期货合约3月日价均值	54.2元/亩

① 2015年农产品成本收益汇编。

4. 70%的保障水平下无须提高保费财政补贴

根据 WTO“绿箱”政策附录第 7 条有关规定：农业收入损失超过过去三年平均总收入或净收入，或者超过过去五年总收入或净收入奥林匹克平均值①的30%。2015 年辽宁省政策性大豆保险保费为 20～22 元/亩，远高于大豆收入保险70%保障水平下的纯保费数额。依照政府分担 80%、农户支付 20%的保费分担比例，70%保障水平下无需增加纯保费财政补贴；若将保障水平提高到80%，需要在金州及瓦房店两地增加大豆保险财政补贴。保费补贴总量有限，不会引起财政投入急剧增加；如何保障农户因保额大幅度增加可能产生的巨额保险赔款是收入保险关注的焦点。

二、对我国农业保险发展提出以下政策建议

1. 加快构建农产品价格及单产数据库

地块单产数据及充分反应农产品市场价格风险的价格数据是制约当前农业保险合同设计的关键因素之一，完善的农产品价格及单产数据库是制约我国农业保险业发展的重要因素。

在研究过程中发现，农产品单产尤其是县、乡、村、地块等小区域的较长时期的历史单产数据难以获取，公开出版的统计年鉴及地方统计局网站等并不能获取时间足够长的历史单产数据，尤其是考虑到较小面积的地块单产数据可以更精确地刻画区域单产风险时就更加需要小地块的单产数据。

在价格数据方面，2004 年我国粮食流通市场全面放开，开始实施粮食最低收购价政策，三大主粮市场价格多受政府托市收购政策的影响，不能完全反应粮食市场价格风险。同时我国主要的农产品期货合约建立年限较短，如黄玉米期货合约从 2004 年建立至今 12 年，大期货合约 1999 年在大连商品交易所上市至今近 20 年，虽说我国的农产品期货市场已经基本可以发挥价格发现功能，但是较短的期货合约数据难以充分表现出农产品市场价格波动的

① 去掉最高值和最低值以后的平均值即奥林匹克平均值。Olympic Average，Modified Mean Discarding Only the Maximum and Minimum.

风险。

建议有关部门通过农产品批发市场、农产品收购粮库等地及时收集不同种类、等级以及不同产销地的农产品市场价格数据；同时通过基层政府、村政府等历史资料搜集更小区域、地块的农产品单产数据，完善农业保险基础数据库。

2. 完善农业补贴与农业保险互补的收入保障机制

我国的价格支持政策改革过程中试图通过收入（价格）保险实现价补分离，改善当前的市场扭曲、价格倒挂等问题，但是对于农户的价格支持、收入支持政策不可少，应当建立农业补贴与农业保险相互配合的收入保障机制。

农业收入保险政策的目的是分散农户生产中的自然风险及市场风险，收入保险中的农产品参考价格是基于现货市场或者期货市场的预期价格，在单产未发生损失的情况下，若实际市场价格低于保险中的参照价格，则农业保险启动赔付。由农业保险参照价格低于用于保障农户收入的目标价格引起的收入差额则由农业补贴政策进行填补。

3. 依照不同保障水平进行差异化费率补贴

探索差异化的大豆收入保险保费补贴体系。在 WTO“绿箱”政策允许的70%的保障水平下大豆收入保险保费不超过现行政策性保险的保费水平，政府无须增加财政补贴。当保障水平高于 70% 时，可以根据保障水平不同实行差异化保费补贴：对投保较高保障水平的农户适当降低政府补贴比例，如当农户选择85% 的保障水平时政府补贴比例降低为 60%。

4. 建立多层次的农业巨灾分散体系

当作物保险转向覆盖由产量及价格风险引起的收入波动时，如何补偿农户收入巨灾损失是保险体系应当重点关注的问题。建议在政府支持下建立涵盖市场价格风险的多层次的农作物巨灾风险分担机制[18~19]。如建立以下包括政府、再保险公司及商业保险公司三层机构的保险体系：

（1）商业保险公司收取保费并承担较低的基本风险（如 200% 以下的损失部分），按照保费的一定比例（如 10%）对保险公司进行运营费用补贴；

（2）商业保险公司将收取的部分保费以及所承保的较高风险部分转移给再

保险公司（如 200% ~500% 的损失部分），通过国际再保险公司或者国内商业保险公司联合发起的再保险体系进行再保险；

（3）对于再保险公司不予以承保的巨灾风险由政府承担（如 500% 以上的损失部分）。

第七章 WTO框架下粮食价格保险政策归属及其改进

第一节 问题缘起

粮食价格政策改革的方式、方向备受关注，关系到农民的收益及国家的粮食安全。我国启动稻谷及小麦最低收购价政策以来，粮食价格支持政策在保护农户种粮积极性、稳定粮食产量等方面起到了明显的促进作用，同时也带来了一些负面影响，如政府财政压力逐年增加、主产区粮库库存量增加、国内国际市场粮食价格倒挂以及遵守WTO规则的难度加大等。为此，粮食价格政策改革拉开序幕：2014年开始中央"一号文件"提出"逐步建立农产品目标价格制度"，同时开始进行多种形式的农业价格支持改革试点。

关于粮食价格政策改革的取向存在不少研究，主要的探索的方向包括目标价格补贴、目标价格保险以及针对粮食收储的"退出粮价支持+种粮收益补贴"相结合的改革方式。实践中目标价格政策改革已经开展以下两种试点，如2014年新疆棉花、内蒙古大豆和东北大豆开始目标价格补贴的试点；同年黑龙江、江苏等地开始稻谷目标价格保险政策试点。有研究通过分析目标价格补贴试点的运行情况，提出此项政策难以完成"一箭多雕"的农业保护效果，建议以抵御市场价格风险为主的运行方向；针对目标价格保险的研究主要集中于从政府保费补贴、巨灾风险制度及保险产品等方面完善价格保险体系以及从政府、保险公司及

养殖户的角度分析目标价格保险实践的效果及其可行性。可以看出，各级政府及学者均认识到粮食价格政策改革的重要性及紧迫性，但是对于改革的方向并未形成一致意见。

目标价格保险与目标价格补贴的目的是保障农民收入，维护国家粮食安全；目标价格补贴因产生较大的财政压力以及贸易扭曲，明确属于 WTO “黄箱” 政策的范畴；目标价格保险在 WTO 政策中的箱体归属未有定论。粮食目标价格保险政策能否在缓解价格补贴等政策本身固有问题的同时，满足 WTO “绿箱” 政策要求，以及如何通过改革满足 WTO “绿箱” 政策要求，值得进行深入剖析。

本书主要研究以下问题：作为目标价格支持制度的另一种实施方式——现行的粮食目标价格保险政策符合 WTO 农业协定 “绿箱” 政策的要求吗？目标价格政策应当如何调整才能更好地满足粮食价格改革的既定目标，同时又不违反 WTO 农业协定 “绿箱” 政策要求？上述问题的回答对于快速确立我国粮食价格支持政策改革方向，保证我国粮价保护政策的稳定性具有重要的现实意义及深远的政策意义。

第二节 我国粮食价格保险政策及其实施状况

2004 年政策性农业保险重新试点以来农业保险在农业安全网中起着越来越重要的作用。2015 年 “一号文件” 中指出 “积极开展农产品价格保险试点”，2016 年 “一号文件” 中提出 “探索开展重要农产品价格保险，以及收入保险、天气指数保险试点”。在农业保险总体积越来越大的同时，保险产品的种类也越来越多，粮食价格保险是农业保险产品结构改革的新动向之一。

一、粮食价格保险政策定义及其政策目的

粮食价格保险的保险责任事故，通常按照粮食实际价格低于保险合同中规定的保障价格时，按照保险合同进行定损及理赔。

“保粮食供给”“保农户收益”是我国包括粮价支持措施在内的全部农业政策的两个基本目标[9]。我国实行目标价格保险的政策目标是按照市场定价、价补分离原则，健全主要由市场决定粮食价格的机制，解决最低收购价格制度产生的问题（如粮食市场价格扭曲、国内外市场粮价倒挂等）、优化我国农业支持保护政策。

二、我国粮食价格保险政策的试点情况

目前我国多地开始试点多种类型的农业价格保险政策，实施的作物价格保险主要包括蔬菜价格保险以及粮食价格保险。

全国范围的有关三大主粮的价格保险试点政策尚未正式出台，仅有江苏省常州市、黑龙江省庆阳农场等少数地区开始试点。2014 年以黑龙江庆阳农场为试点实施水稻目标价格保险，具体实施措施如下：水稻目标价格保险保障单位面积量按农场前五年水稻平均单产除去最大值与最小值后平均值的 70% 计算，确定为 7050 千克/平方公顷。约定目标价格以当地物价局公布的前五年水稻销售平均价格为基础，最高不超过平均销售价格的 80%，确定为 2.2 元/千克。由保障单产和约定目标价格的乘积最终确定水稻目标价格保险金额为 15510 元/平方公顷，按保险费率 6.4% 计算，保费为 992.64 元/平方公顷。保险费实行预收制，按照 2014 年财政部规定由中央财政对中央直属垦区补贴 65%、农场配套 10%、农户承担 25% 的标准确定各级缴纳保费比例。赔付标准按生育期绝产和综合减产两种方式赔付。不同生育期绝产得到的最高保额不同比例的赔偿，产量测定以投保户保险标的的全部测产产量为基础，以此确定实际产量价值，不受农作物受灾面积影响。

江苏省常州市水稻价格保险的具体措施如下：在武进区前黄镇、礼嘉镇和雪堰镇的试点地区，连片种植 6.67 平方公顷以上的，种植经政府审定合格稻谷品种的农户在缴纳一定保险费用后（2015 年费率为 6%），政府给予一定比例的补贴参加稻谷“价格保险”。根据田地前三年稻谷平均产量，最高保额定为 18000 元/平方公顷和 22500 元/平方公顷两档产出。制定目标价格的依据是郑州商品交易所前两年 11 月的粳稻期货交割价格。政府财政补贴保费的 70%，两档保险水

平下农户每年需要缴纳的保费为 324 元/平方公顷和 405 元/平方公顷。若投保地块产值达不到这两个档次，由保险公司补足。

黑龙江省庆阳农场的目标价格保险产品实际上是基于产量风险的保险，按照约定价格仅仅对农户产量损失的部分进行赔付，投保当年市场价格变动对于农户实际产值的计算并无影响，农户产量损失可以以约定价格得到赔偿，但若当年市场价格下降，农户正常生产的稻谷价格风险无法有效分散。然而江苏省武进区的情况则不同，当稻谷市场价格下降时，单位面积实际产值会相应减少，农户因市场价格下降而产生的收入风险会得到补偿。

第三节 WTO 农业协定国内支持政策规定及中国实施情况

一、WTO 农业协定国内支持政策的规定

本研究中用以分析我国当前试行的粮食价格保险政策的是乌拉圭农业协定（Uruguay Round Agreement on Agriculture，URAA）附件 2 中国内支持政策的有关规则。URAA 将国内支持政策分为三类："黄箱" 政策、"蓝箱" 政策及 "绿箱" 政策。某国的国内农业支持政策可能通过两种方式违反 WTO 规则：一是超过 "黄箱" 政策上限；二是通过在国际市场上倾销产品产生明显的或者可测量的负效应的市场扭曲行为。

1. "绿箱" 政策

"绿箱" 政策对于农业生产和贸易没有或者仅有极小的扭曲作用。只有那些不与农业生产或者农产品价格挂钩的政策，在满足 URAA 其他条款的基础上，才可以被归为 "绿箱" 政策，免于削减。附件中第 7 条和第 8 条具体规则如下：

第 7 条：政府对收入保险或收入安全网的金融支持

条款适用于：农业收入损失超过过去 3 年平均总收入或净收入（或者过去 5

年总收入或净收入去掉最高值和最低值以后的平均值）的30%。

符合此条政策的生产者收到的政府补贴额不超过其总收入损失的70%。

政府对于生产者的补偿仅与收入相关，而与生产者的生产类型、生产规模无关；与国内或者国际价格无关；与生产投入要素无关。

生产者因第7条以及第8条政策收到的补贴额不超过其总损失额度。

第8条：减少自然灾害损失的补贴（直接补贴或者政府通过作物保险体系实施的金融支持）

适用于政府认可的已经发生或者正在发生的自然灾害或者类似事故（包括疫病爆发、虫灾、核事故以及相关领域的战争）引起的损失；损失额由超出过去3年平均产量30%（或者过去5年去掉最高值和最低值以后平均产量）的部分决定。

因灾补偿条款仅与收入损失、畜牧业损失（包括与动物救治有关的支出）、土地以及自然灾害有关的投入要素相关。

补贴额不超过弥补损失的总成本，不与生产类型以及未来生产数量挂钩。

因灾赔付额不超过弥补或者在未来减少类似损失所需要的花费。

生产者在第8条与第7条规则下收到的政府补贴不超过总损失额。

2.“黄箱”政策

“黄箱”政策对于贸易会产生较大的扭曲作用，受到URAA的限制。价格支持项目、与产量相关的生产者支付项目等均被归到“黄箱”政策下，这些“黄箱”中的支持政策经过一系列计算之后计入一国的国内总支持量（AMS）中。如果一国的国内总支持量小于总产值的10%（发达国家是5%，发展中国家是10%，中国是8.5%），这一补贴量被认定为微量允许，允许从AMS中扣除。

“黄箱”政策又被分成与特定产品相关以及非特定产品相关两类；两类“黄箱”补贴均要加总到支持总量中。

3.“蓝箱”政策

“蓝箱”支持政策是指一种对于贸易、市场的扭曲作用，介于“绿箱”与“黄箱”之间的一种政策。按照乌拉圭回合农业协定，“蓝箱”政策是指一些与

限制生产直接相联系的直接支付的“黄箱”政策，可以免于减让。具体包括：基于固定面积或产量的直接支付；基于基期生产水平的85%或85%以下给予的直接支付；基于固定牲畜头数的直接支付。

二、中国农业支持政策实施情况

“绿箱”政策不会或者很少会引起贸易扭曲，不受 WTO 农业协定的约束。我国现行的“耕地地力保护补贴”政策与农业生产类型、规模无关，不会影响农业生产行为，与生产是脱钩的，属于“绿箱”政策范畴。农业保险的运营与管理费用也属于“绿箱”政策范畴。

在我国加入 WTO 时，承诺“黄箱”补贴必须遵守两个 8.5% 的上限约束，即特定产品“黄箱”补贴不得超过该产品产值的 8.5%，非特定产品“黄箱”补贴不得超过农业总产值的 8.5%。当前我国备受关注的三大粮食作物玉米、小麦、稻谷均属于 WTO 规定的特定农产品的范畴，叶兴庆指出[19]多数特定产品的“黄箱”补贴还有一定的空间，但如果继续支持价格逐年提高并有较大的托市收购量，则很快就会遭遇 8.5% 上限的实质性约束。

第四节　WTO 框架下我国农业目标价格保险政策归属

我国现行粮食目标价格支持政策（差价补贴）归为“黄箱”政策范畴，若粮食价格保险属于“绿箱”范畴，我国便有较大的政策实施空间。

根据 2014 年黑龙江省庆阳农场稻谷价格保险条款，当单位面积产量损失到一定程度时，农户会依照保险合同中约定的目标价格得到部分赔付（见表 7－1）；此价格保险政策实为一种针对产量损失的保险政策。按照 WTO 农业协定附件 2 第 7 条中有关规定，黑龙江省庆阳农场稻谷目标价格保险政策应当归属于针对特定产品的“黄箱”政策的范畴，支持总量受 WTO 约束。

表 7－1　粮食目标价格扶持、目标价格保险与收入保险政策对比

险种及保险条款	粮食目标价格支持政策	黑龙江稻谷目标价格保险	常州稻谷目标价格保险	调整的黑龙江稻谷目标价格保险
标的风险	价格	产量	价格及产量/收入	价格及产量/收入
基础价格	种植期开始前即定价格	前 5 年平均售价的 80%	前 2 年 11 月粳稻期货合约交割价格	前 5 年平均售价的 80%
参考价格	同上	约定目标价格（同上）	收获期市场价格	收获期市场价格
产量基础	主产区农户销售的产量	前 5 年奥林匹克平均产量	前 3 年平均产量	前 5 年奥林匹克平均产量
WTO 箱体	黄箱	黄箱	绿箱	绿箱

江苏省常州市的目标价格保险仅与区域单位面积平均收入有关，实际上是一种单位面积保额低于托市收购价格下预期收益的收入保险，与农户的实际产出、价格以及投入要素无关（见表 7－1），属于 WTO“绿箱”政策范畴。

与常州的目标价格保险（实为收入保险）进行比较分析发现，如果将黑龙江庆阳农场的目标价格向收入保险调整，在分散农户价格风险的同时，将其对农业生产的扭曲作用弱化，即可由“黄箱”政策转成“绿箱”政策。从分散市场价格风险的角度考虑，具体的调整方式为：将目标价格保险保额及收获期实际产值测算中使用的价格改为以市场价格为基础的价格。采用收获期农产品价格而非保险合同中约定的目标价格计算保额及实际产值（见表 7－1）。实际计算中收获期价格的价格基础可以是期货合约收获期均价，也可以是现货市场进行调查以取得公允的市场价格。

将表 7－1 粮食目标价格支持政策与黑龙江省庆阳农场的目标价格保险进行比较，发现粮食目标价格支持政策与实际销售产量挂钩，而目标价格保险中的产量是保险合同中约定的。与粮食目标价格支持政策直接干预市场相比，目标价格保险通过保险市场保障农户收益，已经向着“绿箱”政策前进了一大步。

第五节 本章小结

总结上述分析，本章得出如下结论：

分析黑龙江省庆阳农场试点实施的价格保险政策条款，并将其按 WTO 农业协定政策条款进行归类，发现庆阳农场稻谷目标价格保险政策应归属于 WTO“黄箱”政策范畴；但是与目标价格补贴制度相比，庆阳农场的价格保险制度正在往“绿箱”的方向行进。

江苏省常州市的水稻目标价格保险政策，在其实施过程中参照期货合约价格及现货市场价格分别设定保额及单位面积实际产值，赔付额与农户的投入、规模、价格不直接相关，而与收入相关，实为收入保险政策，属于 WTO 农业协定“绿箱”政策范畴。

结合黑龙江省庆阳农场目标价格保险的例子，若以市场价格作为农业保险保额及收获期实际产值的测算基础，则此保险政策的性质转变为收入保险，在满足农户分散市场风险及自然风险需求的同时也符合 WTO“绿箱”政策的有关规定，能够有效缓解“黄箱”政策天花板的压力。

将粮食目标价格保险政策调整为涵盖粮食价格风险及产量风险的区域收入保险政策，可以在减缓最低收购价、粮食临时收储政策所带来的财政压力等问题的同时，缓解 WTO“黄箱”政策支持总量以及 AMS 微量允许上限压力。

在上述分析的基础上，结合我国农业保险实际提出以下政策建议。

1. 建立覆盖粮食价格风险以及区域产量风险的收入保险制度

取消归属 WTO“黄箱”政策的目标价格保险，建立“绿箱”范畴的收入保险制度。同时由于农场级或者农户个人历史单产数据稀缺，再加上我国当前仍以小规模生产为主的特征，建立以乡、县等区域为基础的收入保险制度是可行的。

产量数据是制约农业保险发展的关键因素之一。现行的以省、市县级单产数据为基础的收入保险研究将粮食由自然灾害引起的产量损失进行了平抑，测算的收入保险费率是偏低。粮食主产区县、乡级粮食平均产量、生产成本数据较完备。因此，有必要通过我国现有的农业生产数据采集系统、农村固定观察点以及农业统计部门加强对乡镇以及农户为基础的微观农业数据的精细化采集，在此基础上进行费率测算。

2. 建立农业补贴与农业保险互补的收入保障机制

区域收入保险以市场价格及区域平均单产为基础确定单位面积目标收益，若以之取代农业补贴制度，在实施之初以及实施过程中可能会导致农户的收益下降甚至为负（如当前大豆产业若取消目标价格政策，按 2015 年农产品生产成本收益汇编及实际调研相关数据测算，农户的单位面积收益为负）。建立农业保险政策与农业补贴政策相结合，将收入保险参照价格与目标价格之间的部分以差价补贴的方式、按照约定的补贴方式直接补给参加农业保险政策的农户，以此稳定农业生产、保障粮食供应。

农业收入保险政策实施的过程，可以与取消最低收购价制度的进程相互配合，逐步实现粮食市场上由政府托市收购为主转变为收入保险为主导，政府辅以农业补贴的收入保障体系。

3. 完善粮食收入保险参照价格建立标准

在建立覆盖市场价格风险的粮食收入保险制度的过程中，如何测定市场价格风险是一个关键问题。主要的价格参照体系包括以下三种：一是期货市场价格，二是现货市场价格，三是基于成本的价格。

当前我国已经建立起较完备的三大主粮期货市场，可以在期货市场较好地实现价格发现功能的基础上，将收获期期货合约价格设定为收入保险参照价格；当不存在相关商品期货市场或者期货市场发展不完善时，可以基于现货市场价格或者成本加成价格设定收入保险参照价格。

第八章　2014年美国新农业法案中农业保险政策改革及对我国的启示

2014年2月，经过多方多轮谈判，美国《食物、农场及就业法案》（下称“美国新农业法案”）正式出台。农业保险政策改革是美国新农业法案政策调整的重要内容，也是备受美国内外关注的重要话题。美国新农业法案，通过采取提高保障额度、扩大保险覆盖面、增加农业保险险种、提高对农业保险的财政支持力度等措施进一步完善和优化美国农业保险体系，着力解决美国农业当前面临的问题以及潜在危机。

2010年以来，随着国内外农业生产经营环境的不断变化，我国农业保险政策面临一些新情况、新问题，农业保险政策的调整与改革迫在眉睫。我国农业生产成本逐年提高，国内外农产品价格开始出现倒挂，农业发展面临着“天花板”“地板”双重挤压，我国大宗农产品价格支持政策难以为继，个别地区的部分农产品正在试行目标价格支持制度，这为我国农业保险政策改革提供了新契机。同时，自2007年以来，我国新一轮农业保险政策全面铺开，农业保险覆盖面逐年扩大，保费收入连年提高，但是农业保险的保障范围和深度还远远不够，农业保险成为新“鸡肋”，农业保险的发展潜力需要进一步释放。本书旨在对美国新农业法案中农业保险政策改革的背景、内容、特征进行研究分析，探索其政策含义，以此为我国农业保险政策改革提供参考和借鉴。

第一节　美国农业保险改革的背景分析

美国的农业保险从1938年开始实施，该政策的主要目的在于保障农场主收入，主要补贴措施都围绕着保护农场主的收入不因自然风险以及市场风险而遭受损失。美国新农业法案是在以下几个背景下出台的。

一、财政赤字压力巨大　财政支农支出存在削减空间

美国政府近年来财政赤字巨大，与此同时农业保险项目的支出居高不下。仅以2012年为例，大面积旱灾对包括玉米在内的主要作物的产量产生严重影响，美国政府为此承担了高额损失，为农业生产者支付160多亿美元。决策者们在有关削减财政支出的争论中不断将话题引入到农业支持政策及农业保险上。而实际上从1999年开始，联邦政府在包括农业保险在内的农业政策上的财政支出由每年223亿美元削减到2014年的140亿美元。2008年农业法案实施期限内联邦政府在农业保险上的支出削减了170亿美元。

二、农场收入持续增加　政府补贴资金却居高不下

根据美国政府统计数据，近15年来美国农场的平均收入一直高于美国平均家庭收入；2013年，美国农场平均农业总产值的增长速度达到15%，是2009年产值的两倍多；2013年，美国农场平均收入水平是家庭平均收入水平的153%。98%的农场主的财富拥有量超过美国家庭财富拥有量的中数[171~172]。

与此同时，美国政府对农业部门给予巨额补贴。联邦政府每年大约有1000亿美元用于农业法案有关项目，其中230亿美元用于对农场进行补贴。所有的补贴资金中大约有175亿美元（约76%）落入最富有的15%~20%的农场主手中，140亿美元支付给占总农场数10%的最大的农场[172]；另外，每年有25亿美元被补贴给私营保险公司用于经营农业保险项目。在农业产值持续增长、农场收入迅

速增加的过程中，由于政府的补贴基本保持平衡不变，这在农业法案的形成过程中引起多方争议，所以有争议提出要缩减农业部门的支持。

三、巨额补贴引发贸易争端 农业支持政策亟待调整

巴西于 2002 年开始就美国对陆地棉生产者的补贴问题向 WTO 提起诉讼，WTO 于 2009 年 8 月对此诉讼做出裁决，认为美国有关陆地棉生产者的补贴违反了 WTO 规则，授权巴西采取制裁措施。2010 年，美国政府同意建立一项基金，每年向巴西棉花部门支付 1.473 亿美元，直至其解决棉花补贴问题。

美国农业法案中农作物价格补贴项目也备受 WTO 关注，认为该项补贴有悖于 WTO 提倡的反补贴原则。根据 WTO 有关报告，美国联邦政府对其农业部门的巨额补贴抑制了发展中国家的农业发展与农业产业结构升级，严重破坏了农产品国际贸易秩序。

第二节 美国新农业法案中农业保险政策改革的主要内容

在上述背景下及 2014 年的农业法案中，美国各方达成一致共识，需要对当前的农业支持政策进行调整。美国新农业法案实施后，针对农场的直接补贴均被取消，加速了传统的对农场价格及收入支持政策向风险管理政策的转变，强化了作物保险在农户抵御生产和价格风险时的基础地位。2014 年以前的正在实施的农业保险政策以及其保障水平总体上并未有实质性改动，主要的变动在于作物保险部分增加了几个新的保险产品，同时对原有的几个保险项目进行了修订，目的是强化保险在农业安全网中的首要地位[175]。

一、棉花累计收入保护计划（STAX）

在美国新农业法案中商品计划新实施的农业风险保障计划（Agriculture Risk

Coverage，ARC）及价格损失保障计划（Price Loss Coverage，PLC）不适用于棉花生产者，因此，针对棉花生产者专门推出累计收入保险计划（Stacked Income Protection，STAX），预计在未来 10 年内为此支出 33 亿美元。STAX 是一个针对陆地棉的区域性收入保险，棉花生产者可以单独投保也可以配合其他现行保险产品一起投保。

STAX 在设计上与现有的区域收入保障计划（Area Revenue Protection，ARP）类似，以县区收入为基础，以 5% 为阶梯，提供 10% ~30% 的损失保障。参保 STAX 的农户可以选择高达 120% 的收入乘数（Payment Rate Multiplier），以此提高每英亩陆地棉的保额。政府对 STAX 计划的保费提供 80% 的补贴，同时给予保险公司金额等同于保费 12% 的管理费及运营费补贴。STAX 于 2015 年在所有的棉花生产县开始实施，对于缺少有效数据的县将在更大的区域内展开，在其全面实施之前对未实施的地区均收到政府转移支付。

STAX 的出现主要用于解决美国与巴西间的棉花贸易争端的问题，在原有的农业法案中有关棉花的商品计划被取消，将对棉花生产者的支持由商品计划转移到 STAX 上来。STAX 代替了大部分的棉花相关保险政策，通过这种转变将原有的备受他国争议的“黄箱”政策转移到“绿箱”政策范畴，在解决贸易争端问题时继续对本国棉花生产进行支持，这种转变揭示了美国支持农业政策的新趋势。

可以认为，与其他的作物相比，美国政府对于棉花提供了更高的保险额度选择方案，给予更高强度的保障。其目的一方面是保障本国棉农的收入，另一方面是在 WTO 允许的框架内增加其国际市场的竞争力。

二、补充保险选择（SCO）

补充保险选择（Supplemental Coverage Option，SCO）是在县级作物保险政策的基础上，为农场主选择的联邦作物基础保险保障水平与区县平均产量（或收入）平均水平的 86% 之间提供额外的风险保障，也就是为原有作物保险的部分免赔额提供风险保障。参保 SCO 的农场需要同时投保基础保险项目，且类型与所购买的单个农业保险项目的类型相同，例如，如果农户购买的基础农业保险项

目是产量保险（Yield Protection，YP），那么 SCO 也将是产量保险的形式；同样的，如果农户购买的是收入保险（Revenue Protection，RP），那么 SCO 也将以收入保险的形式实施。

SCO 为农户投保基础农业保险的保障水平与 86% 之间的部分提供保障，如生产者投保了 70% 的收入保险，那么 SCO 最大的保障幅度是 16%（70% ~ 86%）。联邦政府为 SCO 提供 65% 的保费补贴，生产者个人需要缴纳 35%，经营 SCO 的保险公司将获得金额等同于保费 12% 的管理费及运营费补贴。参加 ARC 或者 STAX 保险的农户不能同时参加 SCO 保险，但允许参加 PLC 计划的生产者购买 SCO。SCO 将在 2015 作物年度开始以县为单位开展，对于数据不足的县则将在更大的区域内展开。

三、作物生产边际保障计划（MP）

作物生产边际保障计划（Margin Protection，MP）是一个基于区域生产数据的保险计划，当生产者的预期生产边际发生意外损失时将获得赔付。MP 所谓的预期生产边际是针对指定的作物品种提出的，由生产者所在区域预期平均收益扣除预期生产成本所得。MP 可以单独购买也可以与现行作物产量保险及收入保险项目一同购买，可以选择的保障水平在 70% ~90%。

在 MP 的预期生产成本中考虑了包括柴油、农业贷款利率、肥料等因素，当参保作物价格下跌、区域平均产量低于预期、柴油等投入成本上升时，生产者均可能得到 MP 的赔付。MP 可以为生产者提供一揽子的风险保障，包括收获期价格下跌、产量损失、投入成本上升或者上述因素混合引起的收入损失。

作为区域产量保险计划的一种，MP 得到同等水平的费率支持。MP 于 2016 作物年度在试点州、县由玉米、稻谷、大豆及小麦四种作物开始。

四、农场整体收入保障计划（WFRP）

美国新农业法案提供了一项基于整个农场的作物保险政策——农场整体收入保障计划（Whole Farm Revenue Protection，WFRP），该政策可以满足特种作物、有机作物、生产多样化农场的多种保险需求，具有农场生产或收入历史数据以及五年纳税记录的农场可以参加此项目。

农场整体收入保障计划为农场上包括特种作物（Specialty Crop）在内的所有商品提供保险，从2015作物年度开始在43个州外加加州的特定县试点实施。WFRP对不同类型的农场提供不同程度的差异化保障，允许满足生产多样化条件的农场以更高的保障水平参保：只生产一种或两种商品的农场可选择的保障水平在50%～75%；满足多样化生产最低要求的生产三种或者三种以上商品的农场可选择的保障水平在50%～85%。在保费补贴方面，对于满足多样化生产要求的生产两种或者以上产品的农场提供更高额的保费补贴，保费补贴水平与收入保险产品一致；对只生产一种产品的农场仅提供基本保费补贴。

WFRP允许农户一次性为其农场里所有的作物投保，不必按作物品种逐个投保；而之前的农业保险项目主要针对种植小麦、玉米等大田作物，没有专门的保险项目是针对蔬菜和水果作物，WFRP为农场主生产决策的制定提供了更大的保障空间，对农场从事多样化生产起到激励作用。

五、农业保险与水土保持等涉农政策相挂钩

为了保护易流失的土地和湿地，美国新农业法案的水土保持计划中规定在易流失的土地上种植一年生作物或者甘蔗的农场主，如果遵照有关水土保持政策进行农业生产可以获得农业保险保费折扣。农业保险计划中有专门针对天然草地的保险政策。2014年秋季起，破坏天然草地种植的一年生作物在其开始种植的前四年将获得较低的联邦政府支持。计算保额的标准产量取所在县平均产量的65%，保费补贴减半。此项针对保护天然草地的保险政策仅适用于以下地区：明尼苏达州、爱荷华州、北达科他、南达科他、蒙大拿、内布拉斯加州。

美国新农业法案取消了2008年农业法案中的直接支付项目、反周期支付项目以及以州为基础的平均作物收入提升计划（Average Crop Revenue Election，A-CRE）。取而代之的是2014年度作物开始价格损失保障（Price Loss Coverage，PLC）和农业风险保障（Agriculture Risk Coverage，ARC）两个新项目，主要目

的是当多年作物价格下降时要保障农户收入，或者保障对象为原先作物保险政策的免赔部分。农户可以在这两项政策中选择一项参与，当目标作物的市场价格低于设定价格时，价格损失保障项目的参与者将会得到赔付；当农户投保农业风险保障（ARC）计划时，如果投保农场所有作物的收入总和或者整个县某作物的收入低于预先设定的基准收入的86%时将会得到赔付。最大的覆盖范围是10%（基准收入的76%～86%）。这两项政策的目的是当多年产品价格下降时为作物保险提供补充，同时为作物保险政策的免赔部分提供保障。美国农业法案中的商品计划为农业生产者提供较低水平的收入保障和价格保障，2014年新法案实施后，商品计划中将不再涵盖棉花，而是在农业保险计划中专门开展针对棉花的保险STAX。

六、APH产量排除（APH Exclusion）

如果农场所在县某年的作物平均产量低于前10年平均产量的简单算术平均值的50%，APH产量排除条款允许生产者将该年的产量从其APH计算中排除出去，保证生产者所选保额不受该极端年份产量的影响。实际上农户可以选择的保额是根据最近4～10年的平均产量计算出来的，通过排除极端年份的产量，可以增加生产者最终计算出来的保额。

此政策也适用于临近县区，同时如果可以获得充足的数据，还允许在计算APH产量的过程中将水浇地和非水浇地产量分开计算。APH产量排除条款将在2015年春与产量保险、收入保险及不考虑收获价格的收入保护计划（Revenue Protection with Harvest Price Exclusion，RP－HPE）一起实施，适用的作物仅包括玉米、大豆、春小麦、棉花、高粱、水稻、大麦、向日葵、油菜、花生及爆粒玉米（Popcorn）等。

七、继续扩展涵盖价格风险的保险方案

首先，美国新农业法案中为有机作物提供价格选择方案。2014年以前，联邦农业保险对于有机作物生产者并没有提供合适的风险管理工具，这部分生产者必须以一般商品的价值参加农业保险，而不是有机产品的价值。新的农业法案中

对某些作物推出了有机作物价格选择政策（Organic Price Election for Crop Insurance），要求美国农业部从2015年起提供价格选择方案，反映有机作物价值的实际零售价或者批发价。通过有机价格选择，生产者可以以有机产品价格购买保险，为农业生产者提供更高额的保障。目前联邦作物保险中已经在某些特定地区对16种作物实行了有机价格选择，制约美国农业部门在更大范围内实施价格选择政策的主要原因是有机农产品相关数据缺乏。除了价格选择方案之外，种植有机作物的农场主还可以通过参加合同价格附则（Contract Price Addendum，CPA），以有机作物的合同价格参加农业保险。这条附则专门针对有机作物展开，但是在CPA实施的地区允许生产者对规定的62种不同的作物以合同价参加农业保险。

其次，作物收入保险计划覆盖范围不断扩大，涵盖更多作物品种的价格风险。新农业法案中将收入保障计划扩展到包括花生、水稻在内的其他作物品种；花生收入保险（Peanut Revenue Insurance Policy）于2015作物年度开始实施，可以为生产者提供产量保障、收入保障以及不考虑收获期价格的收入保障。

八、允许水浇地与非水浇地选择不同的投保水平

美国新农业法案允许2015年开始在某些地区对水浇地与非水浇地上种植某些作物品种，并选择不同的投保水平投保农业保险，此举有利于生产者根据自身土地自然禀赋选择适合的风险管理措施。同时为了有效管理巨灾风险，新农业法案规定只有在巨灾保险之外购买了额外作物保险（Additional Coverage Policies）的生产者才可以对水浇地与非水浇地选择不同的投保水平，只购买巨灾风险的生产者不可以将水浇地与非水浇地分开购买保险。参加高风险土地排除（High－Risk Land Exclusion）计划的农地不允许参与此项计划，参加高风险交替保障计划（High－Risk Alternate Coverage Endorsement，HR－ACE）的高风险耕地可以参加此项计划。

第三节　美国新农业法案中农业保险政策改革的特征

一、农业保险支持力度不断增强　成为农业支持政策的支柱

2014 年，美国农业保险政策中新增加了在基础保险保障之上的两个新的保险计划 SCO、STAX，将参保土地分为水浇地与非水浇地分开投保、APH 产量排除、有机作物价格选择等方面来看，联邦政府的保险政策为生产者提供的保额、保障水平等均有显著提升。联邦政府不断针对不同农业经营者需求，开发多种类型的农业保险产品，使得美国农业生产者能够根据自己的风险管理方案更加精准地购买保险产品，强化了农业保险的重要地位。

2014 年，美国农业保险改革标志着美国政府支农政策方向发生根本性的改变，从原有的保险与补贴并举模式转向风险管理范式，农业保险成为美国农民首要的或者说是唯一的风险管理工具。农业保险已经成为政府支持农业、促进农业发展以及农民增收的重要手段，在美国农业法案以及农业安全网中占据基础、核心地位。

二、兼顾生产成本　提供三维风险保障

2014 年，美国新农业法案针对稻谷等四种试点作物提供了几十年来最全面的安全网。新推出 MP 保险计划除了涵盖农产品价格风险以及自然风险之外，将生产成本变动加入到作物保险的风险因素中来，在一个生产周期中对于农业生产者所面临的三方面的风险给予全方位的保障。

作物边际生产保障 MP 计划属于第二代的作物保险产品，第一次对作物生产边际提供直接保障。在此之前实施的作物保险计划基本上围绕着农产品价格风险、自然风险或者两者综合的收入风险展开，没有考虑农业生产成本波动的风险。可事实上农产品价格风险以及包括肥料等在内的作物生产成本在过去的许多

年中波动程度很大，对于农业生产者造成明显的市场风险。MP 的实施可以为生产者提供一个安全的生产边际，为生产者转移来自市场、自然环境以及生产成本三个维度的风险，是美国作物保险的又一大进步。

三、农业保险政策与其他农业政策有机联动

美国的农业保险已经成为美国农民最重要的风险管理工具，联邦政府对于农业保险给予巨额补贴，农业生产者对农业保险的认可程度较高。在新农业法案中，为了引导生产者按照进行更加有利于保护水土环境的方式发展农业，农业保险政策与其他农业支持政策密切协调配合，其政策目的在于引导农业生产者更加健康、绿色地从事农业生产。

另外，农业保险政策与农业法案中的商品计划互相协作为生产者提供风险保障。商品计划中通过价格损失补偿（PLC）以及农业收入风险补助（ARC）取代反周期支付（Counter - Cyclical Payments，CCPs）以及平均作物收入选择（A-CRE）。ARC 提供收入保障，PLC 提供价格保障，农业保险框架中的 SCO 计划则依据所参保的个体保险项目类型实施价格保障或者产量保障。在新农业法案框架下，生产者有两种选择方案：只参加 ARC，或者只参加 SCO + PLC。

农业保险政策与其他农业支持政策联动的根本点在于农业保险作为一项保障措施，其保障力度较大，能够有效地为农业生产者提供风险保护，切实起到分散风险的作用，体现农户参保意愿强烈。通过政策间的联动，一方面，可以更大范围地发挥农业保险的作用；另一方面，也可以促进美国农业以更健康、高效的方式发展。

四、调整农业补贴方式　充分利用 WTO“绿箱”政策

美国针对国内农业的高额补贴受到包括巴西、加拿大以及墨西哥等国家的强烈反对，此次新农业法案实施之际，充分利用了 WTO“绿箱”政策，将原来不符合 WTO 规定的“黄箱”政策取消，在 WTO“绿箱”政策框架下增加农业保险项目继续实施对农业生产的政策支持。

这也揭示了美国农业支持政策发展的新方向，逐步调整“黄箱”政策的内

容，充分利用“绿箱”政策，在 WTO 框架内以农业保险为重要手段支持美国农业发展。

五、顺应农业生产者的个性化需求　推出新的保险计划

经过分析可以发现，美国新推出的农业保险品种具有极高的针对性，政策目的非常明显，旨在不断提高农业保险的保障程度、解决某一类农场主风险管理需求以及保障本国农产品的国际竞争力。

为了满足不同农业生产者差异化的农业保险需求，达到不同的政策目的，美国农业法案中推出包括 SCO、STAX、WFRP、MP 等多种新的保险险种以及参保新举措，并在新农业保险框架中涵盖更多作物的价格风险。通过对农产品提供差异化的、高度瞄准的保护，加强本国农业保障体系，间接提高本国农业生产者的收入，从而提高农产品的国际竞争力。

第四节　对我国农业保险政策改革的启示

自 2007 年政策性农业保险试点以来，我国的政策性农业保险工作已取得一定成就，实现了重要粮食作物品种的全覆盖。但是仍存在很多不足，如我国政策性农业保险的覆盖面窄，保险产品畸形，品种单一，科学性欠缺[169]，这些难以满足广大农民多样化的保险需求，我国的政策性农业保险工作仍存在着进一步发展的空间。本书通过总结美国农业保险政策改革主要内容及其特点，得到以下四点启示。

一、进一步提高政策性农业保险的覆盖面及保障力度

分析美国新农业法案农业保险政策改革的主要内容可以看出，联邦农业保险的保障范围以及保障力度均有进一步提升，采取的主要措施包括提高保险金额及保障水平、提供更有针对性的保险品种以及扩大农业保险覆盖面等。

我国现行的涵盖玉米、水稻、小麦等农作物在内的政策性农业保险，各级政府的保费补贴水平在70%～80%，保额一般为2007年农业生产的物化成本。据有关统计，2014年我国政策性农业保险保费收入仅为农业总产值的3.2‰，覆盖面积仅占我国耕地面积的1/4，对农业生产的保障能力有限，难以达到应保尽保的政策目标。

建议进一步提高我国政策性农业保险的覆盖面，首先，将关系到国计民生的重要作物涵盖到政策性农业保险的保护伞下；其次，政策性农业保险应当充分覆盖危及农业生产的主要保险责任，将旱灾、风雹灾害、病虫害等频繁发生的、危害力大的灾害纳入保险责任范围；最后，进一步推进收入保险、气象指数保险试点，切实建立广覆盖、应保尽保的政策性农业保险体系。

进一步提高政策性农业保险的保障力度，加大财政投入，提高保障额度及保障水平，构建更强大的农业保护网，切实对农业再生产起到保障作用，进一步提高农业保险在支农政策中的战略地位。广大农户灾后得到的保险赔付应该能够维持农业再生产，涵盖农作物生产成本，而不是“撒胡椒面”似的保障不到位，逐步改变当前农业保险的“鸡肋”局面。对于玉米、水稻、小麦等大田作物，应对其不断提升的生产成本予以充分关注；当前以物化成本为目标的险种应当根据作物品种、所处区域、劳动力成本、物化成本等因素及时调整单位面积保额，为农户因生产成本上升导致的收入损失提供保障。

二、以农户需求为导向建立健全农业保险体系

美国的农业保险政策与我国农业保险政策相比，一个显著特点是农业保险产品目标瞄准、精确定位。美国联邦政府风险管理局出台的每一项农业保险政策均有明确的政策目的，政策的参与者、受惠者、覆盖地区、覆盖农产品品种、费率、费率补贴水平等均有详细的界定。可以说，美国已经基本建立起面向农业生产者需求的农业保险体系。

当前，我国政策性农业保险的一大问题就是保险产品、保障水平、费率和政府补贴水平以省、市为单位的“一刀切”。当前这种高度同化的保险体系无法满足农户差异化的保险需求，“一刀切”的保费补贴办法无法实现效用最大化[169]，

建议各地区因地制宜，建立差异化的农业保险体系。

在农业现代化不断深化的过程中，应当充分考虑包括新型农业经营主体在内的不同类型农户差异化的农业保险需求。对于已经开发实施的政策性作物产量保险产品，改变当前仅以2007年制定的物化成本为理赔上限的状况，构建不同保障水平的保障体系，满足不同程度的农户风险分散需求。根据地域生产禀赋条件，推出适应农户需求的有地方特色的政策性农业保险新品种。针对不少农户面临的市场价格波动剧烈的现状，进一步推行收入保险试点，在保护农户不受自然风险影响的同时免受价格风险侵袭。

构建差异化的农业保险保费补贴体系。对于不同的保障水平，给予不同比例的保费补贴。农户选择较低的保障水平，给予较高的保费补贴比例；选择的保障水平越高，政府的财政补贴比例可以逐步减少。对于不同的险种，也可以根据保障目的的不同进行不同比例的保费补贴。

三、构建农业保险政策与其他农业支持政策的协调联动机制

美国的农业保险政策作为整个支农政策的核心，与新农业法案中建立与水土保持政策、农产品目标价格支持政策、天然草地保护政策保持有效联动。农业保险与其他农业政策有效联动的制度化，明确了政府的政策导向，为农业生产者提供行为参照线。同时，每一项政策都制定了详尽而具体的措施及量化规定，从而使农民能够依据农业法规测算出自己行为的成本收益，增加了农业政策的透明度，提高了农业保险政策的绩效。

我国的政策性农业保险政策作为一个独立的政策体系一直以来由各级政府组织商业保险公司共同实施，而且政府在农业保险展业的过程中一直起到非常重要的推动作用。各地的农业保险政策由地方政府与保险公司间共同商议决定试点、实施。长期看来，作为一项WTO允许的“绿箱”政策，应当强化农业保险在缓冲和舒解农业风险中的作用[168]，且应当与其他惠农、支农政策间有机联动，充分发挥农业保险的效用。建议统筹规划农业支持与保护政策，发挥政策“组合拳”效应，推出与其他农业政策联动的农业保险政策。例如，可以将农业保险政策与促进粮食规模化经营的政策有机协调起来，通过推出针对种粮大户的差异化

保险方案，满足其参保需求，更大限度地发挥农业保险政策的效用，切实保障广大种粮大户的利益，以此促进我国粮食规模化生产经营。

四、充分利用 WTO“绿箱”政策　调整我国财政支农方式

农业保险属于 WTO“绿箱”政策范畴。为了解决因国内高额农业补贴引起的贸易冲突，美国新农业法案中将商品计划中对棉花的补贴政策取消，转而在农业保险项目中专门出台针对陆地棉的支持政策。在美国新农业法案出台之前是棉花生产者享受免费的补贴政策，而现今享受收费的农业保险政策——棉花生产受到联邦政府高度的保障并没有变，只是保障政策由 WTO 限制的“黄箱”政策转变成了 WTO 不加以限制的“绿箱”政策。

当前，我国的农业补贴种类较多，包括粮食直补、农资综合直补、良种补贴等，这些补贴多属于 WTO“黄箱”政策的范畴，继续通过加强现行补贴政策实施支农、惠农的空间已经非常有限，托市收购已经难以为继，不少财政补贴政策已经接近天花板、甚至突破了天花板的位置。目前，我国开始试点实施的目标价格支持制度，也属于 WTO“黄箱”政策范畴，是否要全面实施价格支持政策，如何实施此项政策尚未定论。我国政府可以在 WTO 允许的框架内逐渐增加农业保险政策在农业支农政策中的比重，通过优化调整我国农业支持政策结构、加大对农业保险的支持力度，实现财政支农政策的目的，同时建立起更广泛、更深入的农业风险保护网。

第九章　研究结论与展望

第一节　主要研究结论

本研究属于作物保险定价及保险政策优化研究领域，主要成果总结如下：

（1）针对现有政策性农业保险定价方法上假设作物单产波动服从正态分布的不足，构建基于非参数核密度方法的作物产量保险定价模型，克服了已有研究中假设作物单产风险分布的尖峰、厚尾及有偏性，结合全国多个省份的多年的单产数据以及辽宁省大连市历年的单产数据进行了实证研究。

对于传统保险定价中作物单产服从正态分布的假设，认为作物单产增加或者减少的可能性是相同的，作物单产围绕其期望值上下波动的幅度也是相同的，这明显忽略了作物单产往上波动的可能性受到自然条件以及生产技术的限制，而往下波动的幅度则可能受到巨大自然灾害而产生大幅度减产。本书利用非参数核密度法进行作物产量保险定价研究，对于作物单产分布的“尖峰”及“厚尾”性进行了刻画，不仅可以描述作物单产波动出现的大幅度下滑，还可以对不同频率、不同幅度的单产大幅度下降进行详细的反映，较好地描述了单产波动的情况。通过实证研究检验了此定价模型的合理性与实用性，并体现了此定价模型在运算中具有明显的优越性。

（2）针对当前政策性保险的保险标的只有产量保险，缺乏对农产品价格波动的保险，农户的参保意愿以及参保率较低等现象，提出基于 Copula 函数的作物收入保险定价模型。收入保险综合考虑作物单产风险与价格风险，并且不再假设两者间相互独立，而是以 Copula 方法为基础，建立两者的联合概率密度函数。由于分布的解析式较复杂，本书在此运用 Monte Carlo 模型法实现了没有显性解情况下保险费率的计算。本书选择了两种 Copula 函数——Normal Copula 以及 Frank Copula 构造了作物单产与农产品价格的相关关系，并得出联合概率分布。

在厘定保险费率的基础上，采用安徽省阜阳市的具体数据，在做出一定假设的前提下计算出如果推行政策性收入保险政策，且有一半的玉米、小麦以及大豆种植户均投保政策性收入保险，中央、省级以及地方政府按照一定的分摊比例以及农户在不同的补贴方式下应该支付的保费贴补总额为每亩参保土地应当缴纳的保费。经计算得出，100%保障水平的保险，如果按照同一补贴比例 70%进行补贴，则农户亩均玉米需要缴纳的保费为 13.12 元，需要的补贴额为 30.62 元；85%的保障水平在 70%的补贴水平下，保险公司亩均需收纯保费 18.48 元，农户亩均玉米均缴纳 5.54 元。在不同保障水平、不同补贴比例的情况下，按照 50%的补贴标准，农户亩均需要缴纳的保费为 21.87 元，各级财政只需要补贴 21.87 元。如果对于不同保障水平的作物收入保险给出不同水平的补贴，将有利于将国家财政补贴在农户间分配得更均匀。

（3）基于 Copula 方法联接农产品价格及单产分布建立联合分布函数，通过 Monte Carlo 模拟预期收益并测算收入保险费率及单位面积纯保费。以大连商品交易所黄大豆 1 号期货合约价格、大连及所辖四县区大豆单产数据为基础展开实证分析。得出结论：区域收入保险费率及保额存在明显区域差异；基于期货价格的收入保险无法维持当前预期收益；以期货价格为基础的农业收入保险不能完全取代农业价格支持政策。提出以下建议：加快构建农产品市价格及单产数据库；健全农业支持与保险政策互补的收入保障机制；依照不同保障水平进行差异化费率补贴；建立多层次的巨灾分散体系。

（4）通过目标价格保险解决粮食托市收购政策带来的财政压力大、贸易扭曲等问题是当前我国各级政府及学者重点关注的农业价格改革方案之一。以黑龙江省庆阳农场的目标价格保险条款为例展开分析，研究发现，仅覆盖产量风险的粮食目标价格保险属于 WTO“黄箱”政策的范畴。对比分析江苏常州实为收入保险的“目标价格保险”条款，提出将粮食目标价格保险政策调整为涵盖粮食价格风险及产量风险的区域收入保险政策，此政策归属 WTO“绿箱”政策，可以在减缓目标价格支持政策困境的同时，减轻 WTO“黄箱”政策支持总量上限压力。为更好地分散农业风险、保障农户收入，提出以下政策建议：建立覆盖价格风险以及产量风险的区域收入保险制度；建立农业保险与农业补贴互补的农户收入保障机制；完善粮食收入保险参照价格建立标准。

（5）农业保险政策改革是 2014 年美国新农业法案中的重要议题。美国通过增加保险品种、提高保险金额、扩大保险覆盖面等多种措施，构建更为健全、更能适应农业发展新要求的农业保险体系，以此巩固和扩大美国农业的优势地位。本书在分析了 2014 年美国新农业法案中农业保险政策改革的背景、总结其变革的主要特征、研究其改革的动向及政策意义的基础上，结合我国农业保险实践及现代农业发展新趋向，提出了我国农业保险政策改革的建议。

第二节 研究展望

本书在作物产量保险定价与保险政策优化领域研究了限制我国农业保险发展的几个关键问题。由于个人时间和精力有限，仍有一些后续工作值得研究，现对未来的工作进行展望。

作物保险是一项惠及广大农户的新的工程，对于农户的生产及收入预期以及国家的粮食安全都产生了重大影响。我国政策性农业保险的发展已经取得了一定的进展，与农业保险有关的研究也已经取得了不少用益的研究成果，但是，目前我国的政策性农业保险不能完全满足农户的需求，作物收入保险产品已经开始试点，有关农业巨灾保险及再保险研究也任重道远。

（1）在作物保险实施过程中道德风险与逆向选择的度量也是需要进一步讨论的关键点。在作物保险定价有关的研究中，均假设整个过程中，没有道德风险与逆向选择的发生，这样做有利于得到性质优良的定价模型，明晰的模型表达式有利于计算和分析，但现实中由于农户与保险公司间信息的不透明性，存在着道德风险与逆向选择。在下一步的研究中，试图构建包含道德风险与逆向选择的作物保险定价模型。关于这部分的研究，拟对农户违约的概率进行刻画进一步探寻更精确的作物保险定价方法，从而使研究更加符合现实的需要。

（2）在理论研究的同时，还要加强与实践部门配合，排除不同种保险产品上市的障碍，为实施多种保险产品满足不同农户的参保需求做好准备。为了确保农业保险市场的健康发展，还需要建立健全相关法规以及配套措施。我国现有的保险以及证券投资方面的法律法规还不完善，对于农业保险的研究还处于起步阶段。农业保险的实施是一个巨大的体系，除去国家的政策支持，在实际操作过程中涉及财务、税收、国家预算决算等各个领域，如果缺乏一套完善的法律体系作为支持，很难实现其健康、快速地发展，也不利于保险行业以及社会的稳定。

（3）巨灾风险的再保险研究。当前我国关于政策性农业保险的实证研究还不多，仅仅有中国再保险集团以及国际保险机构参与到政策性农业保险的再保险体系中来。在未来的研究中，着眼于解决因巨灾可能给商业保险公司带来的灾难性损失，并着力于研究相关再保险体系的建设，对促进我国政策性农业保险事业的发展，具有积极的现实意义。

附录　收入保险定价核心代码

收入保险定价核心代码：

```
cropcopula < - normalCopula(0.5, dim = 2) cropmvc < - mvdc(cropcopula, c("beta","lnorm"),list(list(shape1 = 12.8351922,shape2 = 3.8853681),list(meanlog = 2.46868547,sdlog = 0.08713062)))
b.0 < -c(12.8351922,3.8853681)
d.0 < -c(2.46868547,0.08713062)
ctrl < -list(fnscale = -1)
loglik.beta < -function(b,x)sum(dbeta(x,shape1 = b[1],shape2 = b[2],log = TRUE))
loglike.lnorm < -function(d,y)sum(dlnorm(y,meanlog = d[1],sdlog = d[2],log = TRUE))
dhat < -optim(d.0,fn = loglike.lnorm,y = crop[ ,1],control = ctrl) $par
bhat < -optim(b.0,fn = loglik.beta,x = crop[ ,2],control = ctrl) $par
udat1 < -cbind(pbeta(crop[ ,2],shape1 = bhat[1],shape2 = bhat[2]),plnorm(crop[ ,1],meanlog = dhat[1],sdlog = dhat[2]))
start < -0.5
fit.ifl1 < -fitCopula(cropmvc@copula,udat1,start = start)
fit.ifl1
```

参考文献

[1] 闫丽梅. 农业保险离农民有多远 [J]. DEVELOPING, 2005 (2): 36-47.

[2] 赵学军, 吴俊丽. 政府干预与中国农业保险的发展 [J]. 中国经济史研究, 2004 (1): 89-98.

[3] 中国保险学会. 中国保险史 [M]. 北京: 中国金融出版社, 1997.

[4] 谢凤杰, 王尔大, 朱阳. 我国小麦种植面积对价格、成本的反映分析 [J]. 科技与管理, 2010, 12 (4): 106-110.

[5] 徐景峰. 建设多层次的农业巨灾风险分散体系 [J]. 农村工作通讯, 2008 (1): 46.

[6] Ray P K. Agricultural Insurance: Theory and Practice and Application to Developing Countries [J]. 1981 (3): 37-51.

[7] 姚海波. 精算学理论发展综述 [J]. 上海保险, 2006 (2): 53-56.

[8] 周建波, 刘源. 农业保险市场中政府责任定位的经济学分析 [J]. 农业经济问题, 2010 (12): 17-37.

[9] 张跃华, 史清华, 顾海英. 农业保险需求问题的一个理论研究及实证分析 [J]. 数量经济技术经济研究, 2007, 24 (4): 65-75.

[10] 李军. 农业保险的性质、立法原则及发展思路 [J]. 中国农村经济, 1996 (1): 55-59.

[11] Von Neumann J, Morgenstern O, Rubinstein A, et al. Theory of Games and Economic Behavior [M]. Princeton Univ Pr, 2007.

[12] 王红, 柯炳繁. 美国农业风险与风险管理 [J]. 农业经济问题, 1999

(10): 61 -63.

[13] 徐欣，胡俞越，韩杨等．农户对市场风险与农产品期货的认知及其影响因素分析——基于五省（市）328 份农户问卷调查 [J]. 中国农村经济，2010 (7): 47 -55.

[14] Gardner B L, Kramer R A. Experience with Crop Insurance Programs in the United States [J]. 1986 (5): 79 -93.

[15] Coble K H, Knight T O, Pope R D, et al. Modeling Farm - level Crop Insurance Demand with Panel Data [J]. American Journal of Agricultural Economics, 1996, 78 (2): 439 -447.

[16] 高伟．日本农业保险的发展概况与启示 [J]. 广西经济管理干部学院学报，2007，19 (1): 26 -31.

[17] Re S. An Insurance Recipe for the Chinese Food and Agricultural Industry [J]. Zurich, Switzerland, 2008 (11): 96 -105.

[18] 李超民．作物保险的政府支持与市场化运作：印度经验与中国 [J]. 中国农村经济，2005 (6): 68 -74.

[19] 皮立波，李军．我国农村经济发展新阶段的保险需求与商业性供给分析 [J]. 中国农村经济，2003 (5): 6 -9.

[20] 史建民，孟昭智．我国农业保险现状、问题及对策研究 [J]. 农业经济问题，2003 (9): 45 -49.

[21] 赵学军，吴俊丽．政府干预与中国农业保险的发展 [J]. 中国经济史研究，2004 (1): 89 -98.

[22] 银温泉，董彦彬．国有与非国有部门：改革定位玫发展政策 [J]. 经济研究，1996 (3): 43 -50.

[23] 丁少群，庹国柱．国外农业保险发展模式及扶持政策 [J]. 世界农业，1997 (8): 203.

[24] 庹国柱．我国农业保险的试验及其评论 [J]. 保险研究，1996 (4).

[25] 庹国柱，李军．我国农业保险试验的成就、矛盾及出路 [J]. 金融研究，2003 (9): 88 -98.

[26] 于洋，王尔大．政策性补贴对中国农业保险市场影响的协整分析[J]．中国农村经济，2009（3）：20－27.

[27] 王尔大，于洋．农户多保障水平下的作物保险支付意愿分析［J]．农业经济问题，2010（7）：61－69.

[28] 张峭，王克．农作物生产风险分析的方法和模型［J]．农业展望，2007，3（8）：7－10.

[29] 刘荣花，朱自玺，方文松等．华北平原冬小麦干旱灾损风险区划[J]．Chinese Journal of Ecology，2006，25（9）：31－43.

[30] 庹国柱，丁少群．农作物保险风险分区和费率分区问题的探讨［J]．中国农村经济，1994（8）：43－47.

[31] 李世奎．中国农业气候区划研究［J]．中国农业资源与区划，1998（3）：49－52.

[32] 刘长标．农作物区域产量保险的精算研究［D］．中国人民大学博士学位论文，2000.

[33] 邢鹂，钟甫宁．粮食生产与风险区划研究［J]．农业技术经济，2006（1）：19－23.

[34] 邢鹂．中国种植业生产风险与政策性农业保险研究［D]．南京农业大学博士学位论文，2004（6）．

[35] 庹国柱，丁少群．农作物保险风险分区和费率分区问题的探讨［J]．中国农村经济，1994（8）：21－37.

[36] 刘濂，王卫，刘东都等．河北三种农作物气象受灾程度分级与灾害损失率分区的研究［J]．中国生态农业学报，1997（4）：25－37.

[37] 周玉淑，邓国，齐斌等．中国粮食产量保险费率的订定方法和保险费率区划［J]．南京气象学院学报，2003，26（6）：806－814.

[38] 李文芳，刘锐金，方伶俐．基于分层贝叶斯模型的农作物区域产量保险费率厘定研究［J]．生态经济，2009（7）：40－42.

[39] 刘锐金．湖北省县级水稻产量保险的费率厘定［D］．华中农业大学硕士学位论文，2009（4）．

［40］娄伟平，吴利红，倪沪平等．柑橘冻害保险气象理赔指数设计［J］．中国农业科学，2009，42（4）：1339－1347.

［41］王馥棠，李郁竹，王石立．农业产量气象模拟与模型引论［M］．北京：科学出版社，1990.

［42］孙香玉，钟甫宁．对农业保险补贴的福利经济学分析［J］．农业经济问题，2008（2）：4－11.

［43］黄英君．我国农业保险发展的政府诱导机制研究［J］．农业经济问题，2010（5）：56－61.

［44］孙香玉，钟甫宁．福利损失收入分配与强制保险——不同农业保险参与方式的实证研究［J］．管理世界，2009（5）：80－88.

［45］谢家智．我国农业保险发展的问题及对策［J］．农业经济问题，1999，20（5）：49－51.

［46］Skees J R，Black J R，Barnett B J. Designing and Rating an Area Yield Crop Insurance Contract［J］. American Journal of Agricultural Economics，1997，79（2）：430－438.

［47］Woodard J D，Sherrick B J，Schnitkey G D. Revenue Risk－Reduction Impacts of Crop Insurance in a Multicrop Framework［J］. Applied Economic Perspectives and Policy，2010，32（3）：472－485.

［48］Goodwin B K，Mahul O. Risk Modeling Concepts Relating to the Design and Rating of Agricultural Insurance Contracts［M］. New York：World Bank Publications，2004.

［49］Goodwin B K，Ker A P. Modeling Price and Yield Risk：A Comprehensive Assessment of the Role of Risk in US Agriculture［M］. New York：Kluwer Academic Publishers，2002.

［50］Chen S L，Miranda M J. Modeling Texas Dryland Cotton Yields，with Application to Crop Insurance Actuarial Rating［J］. Journal of Agricultural and Applied Economics，2008，40（1）：125－137.

［51］Miranda M J，Glauber J W. Systemic Risk，Reinsurance and the Failure of

Crop Insurance Markets [J]. American Journal of Agricultural Economics, 1997, 79 (1): 206 -215.

[52] Miranda M, Vedenov D V. Innovations in Agricultural and Natural Disaster Insurance [J]. American Journal of Agricultural Economics, 2001, 83 (3): 650 - 655.

[53] Hart C E, Beghin J C. Rethinking Agricultural Domestic Support under the World Trade Organization [J]. Agricultural Trade Reform and the Doha Development Agenda, 2006: 221 -244.

[54] Hazell P B R. The Appropriate Role of Agricultural Insurance in Developing Countries [J]. Journal of International Development, 1992, 4 (6): 567 -581.

[55] Hazell P, Oram P, Chaherli N. Managing Droughts in the Low - rainfall Areas of the Middle East and North Africa [J]. EPTD Discussion Papers, 2001 (6): 123 -145.

[56] Valgren V N. Farmers' Mutual Fire Insurance in the United States [J]. Journal of International Development, 1924, 3 (5): 231 -246.

[57] Smith V H, Baquet A E. The Demand for Multiple Peril Crop Insurance: Evidence from Montana Wheat Farms [J]. American Journal of Agricultural Economics, 1996, 78 (1): 189 -201.

[58] Goodwin B K, Piggott N E. Spatial Market Integration in the Presence of Threshold Effects [J]. American Journal of Agricultural Economics, 2001, 83 (2): 302 -317.

[59] Turvey C G, Islam Z. Equity and Efficiency Considerations in Area Versus Individual Yield Insurance 1 [J]. Agricultural Economics, 1995, 12 (1): 23 -35.

[60] Muamba F M, Ulimwengu J M. Optimal Rainfall Insurance Contracts for Maize Producers in Northern Ghana: A Mathematical Programming Approach [J]. 2010, 16 (2): 125 -147.

[61] Richards T J. A Two - stage Model of the Demand for Specialty Crop Insurance [J]. Journal of Agricultural and Resource Economics, 2000, 25 (1): 177 -

194.

[62] Ling S, Deng X, Barnett B J. Evaluating a Proposed Modification to Federal Crop Insurance [M]. New York: Southern Agricultural Economics Association, 2007.

[63] Carriker G L, Williams J R, Barnaby G A, et al. Yield and Income Risk Reduction Under Alternative Crop Insurance and Disaster Assistance Designs [J]. Western Journal of Agricultural Economics, 1991, 16 (2): 238 – 250.

[64] Horowitz J K, Lichtenberg E. Insurance, Moral Hazard and Chemical use in Agriculture [J]. American Journal of Agricultural Economics, 1993, 75 (4): 926 – 935.

[65] Babcock B A, Hennessy D A. Input Demand under Yield and Revenue Insurance [J]. American Journal of Agricultural Economics, 1996, 78 (2): 416 – 427.

[66] Goodwin B K, Vandeveer M L. An Empirical Analysis of Acreage Effects of Participation in the Federal Crop Insurance Progam [J]. American Journal of Agricultural Economics, 2004, 86 (4): 1058 – 1077.

[67] Ramaswami B. Supply Response to Agricultural Insurance: Risk Reduction and Moral Hazard Effects [J]. American Journal of Agricultural Economics, 1993, 75 (4): 914 – 925.

[68] Halcrow H G. Actuarial Structures for Crop Insurance [J]. Journal of Farm Economics, 1949, 31 (3): 418 – 443.

[69] 曾玉珍. 国外农业保险成功经验对构建中国农业保险模式的启示[J]. 世界农业, 2006 (1): 7 – 9.

[70] Bielza M, Garrido A, Sumpsi J. Revenue Insurance as an Income Stabilization Policy: An Application to the Spanish Olive Oil Sector [J]. General Information, 2004 (70): 6 – 20.

[71] Skees J R, Harwood J, Somwaru A, et al. The Potential for Revenue Insurance Policies in the South [J]. Journal of Agricultural and Applied Economics,

1998 (30): 47 -62.

[72] Ker A P, Goodwin B K. Nonparametric Estimation of Crop Insurance Rates Revisited [J]. American Journal of Agricultural Economics, 2000, 82 (2): 463 - 478.

[73] Turvey C G, Amanor Boadu V. Evaluating Premiums for a Farm Income Insurance Policy [J]. Canadian Journal of Agricultural Economics/Revue Canadienne D' Agroeconomie, 1989, 37 (2): 233 -247.

[74] Skees J R, Gober S, Varangis P, et al. Developing Rainfall - based Index Insurance in Morocco [J]. World, 2001 (3): 15 -27.

[75] Bielza M, Garrido A, Sumpsi J M. Finding Optimal Price Risk Management Instruments: The Case of the Spanish Potato Sector [J]. Agricultural Economics, 2007, 36 (1): 67 -78.

[76] Meuwissen M P M, Huirne R, Skees J R. Income Insurance in European Agriculture [J]. Euro Choices, 2003, 2 (1): 12 -17.

[77] Bielza M, Garrido A, Sumpsi J M. Revenue Insurance as an Income Stabilisation Policy: An Application to the Spanish Olive Oil Sector[J]. Zaragoza(Spain), 2002 (9): 28 -31.

[78] Makki S S, Somwaru A. Evidence of Adverse Selection in Crop Insurance Markets [J]. The Journal of Risk and Insurance, 2001, 68 (4): 685 -708.

[79] Shaik S, Coble K H, Knight T O. Revenue Crop Insurance Demand [J]. Agricultural Economics, 2005 (7): 24 -27.

[80] Seo S, Salin V, Mitchell P D, et al. Effect of Revenue Insurance on Entry and Exit Decisions in Table Grape Production: A Real Option Approach [J]. American Agricultural Economics Association (New Name 2008: Agricultural and Applied Economics Association), 2004, 6 (9): 125 -138.

[81] 陆文聪，叶建．粮食政策市场化改革与浙江农作物生产反应：价格、风险和定购 [J]．浙江大学学报（人文社会科学版），2004，34（3）．

[82] Cagan P. The Monetary Dynamics of Inflation [J]. Studies in the Quantity

Theory of Money, 1956, 6 (8): 25 – 117.

[83] Nerlove M. Estimates of the Elasticities of Supply of Selected Agricultural Commodities [J]. Journal of Farm Economics, 1956, 38 (2): 496 – 509.

[84] Nerlove M. The Dynamics of Supply: Estimation of the Farmers' Response to Price [J]. Journal of Economitric Society, 1958, 14 (8): 135 – 169.

[85] Askari H, Cummings J T. Agricultural Supply Response. A Survey of the Econometric Evidence [M]. London: Praeger Publishers, 1977.

[86] Krishna R. Farm Supply Response in India – Pakistan: A Case Study of the Punjab Region [J]. The Economic Journal, 1963, 73 (291): 477 – 487.

[87] Ugarte D G, Sanford S, Skinner R, et al. Supply Response under the 1996 Farm Act and Implications for the US Field Crops Sector [J]. Technical Bulletins, 2000.

[88] Morzuch B J, Weaver R, Helmberger P. Wheat Acreage Supply Response under Changing Farm Programs [J]. American Journal of Agricultural Economics, 1980: 29 – 37.

[89] Binswanger H P. The Policy Response of Agriculture [M]. Washington: World Bank Publisher, 1990.

[90] Delgado C L, Mellor J W. A Structural View of Policy Issues in African Agricultural Development [J]. American Journal of Agricultural Economics, 1984, 66 (5): 665 – 670.

[91] McKay A, Development Uoncfrie, Trade I. Aggregate Export and Food Crop Supply Response in Tanzania [J]. CREDIT, 1998, 9 (3): 125 – 140.

[92] Chuhan P, Claessens S, Mamingi N. Equity and Bond Flows to Latin America and Asia: The Role of Global and Country Factors [J]. Journal of Development Economics, 1998, 55 (2): 439 – 463.

[93] Salehi – Isfahani D. Human Resources in Iran: Potentials and Challenges [J]. Iranian Studies, 2005, 38 (1): 117 – 147.

[94] 王德文．双轨制度下中国农户粮食供给反应分析 [J]．经济研究，

2001 (12): 55 -65.

[95] 杜为长, 科尔曼. 中国农作物播种面积对价格变化反应的实证分析 [J]. 中国农村观察, 1997 (3): 35 -51.

[96] 张林秀, 李强, 罗仁福等. 中国农村公共物品投资情况及区域分布 [J]. 中国农村经济, 2005 (11): 18 -25.

[97] 司伟, 王秀清. 中国糖料的供给反应 [J]. 中国农村观察, 2006 (4): 2 -11.

[98] 李锁平, 王利农. 我国蔬菜供给对价格的反应程度分析 [J]. 农业技术经济, 2006 (5): 59 -62.

[99] 钟甫宁, 胡雪梅. 中国棉花生产区域格局及影响因素研究 [J]. 农业技术经济, 2008 (1): 4 -9.

[100] 金和辉. 计划、市场和中国农民的粮食供给行为 [J]. 经济研究, 1990 (9): 62 -68.

[101] Engle R F, Granger C W J. Co - integration and Error Correction: Representation, Estimation, and Testing [J]. Econometrica, 1987, 55 (2): 251 -276.

[102] Johansen S, Juselius K. Maximum Likelihood Estimation and Inference on Cointegration—with Applications to the Demand for Money [J]. Oxford Bulletin of Economics and Statistics, 1990, 52 (2): 169 -210.

[103] Sargent T J. Estimation of Dynamic Labor Demand Schedules under Rational Expectations [J]. The Journal of Political Economy, 1978, 86 (6): 1009 -1044.

[104] Davidson Jeh, Hendry D F, Srba F, et al. Econometric Modelling of the Aggregate Time - series Relationship between Consumers' Expenditure and Income in the United Kingdom [J]. The Economic Journal, 1978 (8): 661 -692.

[105] 黄季焜, 马恒运. 价格差异——我国主要农产品价格国际比较 [J]. 国际贸易, 2000 (3): 18 -31.

[106] 高铁梅. 计量分析方法与建模 [M]. 北京: 清华大学出版社, 2006.

[107] 邢鹂, 钟甫宁. 粮食单产波动与政策性农业保险制度 [J]. 新疆大学学报 (社会科学版), 2004, 32 (1): 17 -20.

[108] Smith V H, Goodwin B K. Crop Insurance, Moral Hazard, and Agricultural Chemical Use [J]. American Journal of Agricultural Economics, 1996, 78 (2): 428 – 438.

[109] Goodwin B K, Ker A P. Nonparametric Estimation of Crop Yield Distributions: Implications for Rating Group – risk Crop Insurance Contracts [J]. American Journal of Agricultural Economics, 1998, 80 (1): 139 – 153.

[110] Skees J R, Reed M R. Rate Making for Farm – level Crop Insurance: Implications for Adverse Selection [J]. American Journal of Agricultural Economics, 1986, 68 (3): 653 – 659.

[111] Botts R R, Boles J N. Use of Normal – curve Theory in Crop Insurance Ratemaking [J]. Journal of Farm Economics, 1958, 40 (3): 733 – 740.

[112] Day R H. Probability Distributions of Field Crop Yields [J]. Journal of Farm Economics, 1965, 47 (3): 713 – 741.

[113] Gallagher P. US Soybean Yields: Estimation and Forecasting with Nonsymmetric Disturbances [J]. American Journal of Agricultural Economics, 1987, 69 (4): 796 – 803.

[114] Nelson C H. The Influence of Distributional Assumptions on the Calculation of Crop Insurance Premia [J]. North Central Journal of Agricultural Economics, 1990, 12 (1): 71 – 83.

[115] 刘长标．农作物区域产量保险的精算研究 [D]．中国人民大学博士学位论文，2000.

[116] 王克，张峭．我国东北三省主要农作物生产风险评估 [J]. 农业展望，2008，4 (7): 23 – 29.

[117] 张峭，王克．农业风险分布与保险费率厘定 [C]. 中国农业保险应用国际研讨会，北京，2008: 36 – 52.

[118] 王丽红，杨纳华，田志宏等．非参数核密度法厘定玉米区域产量保险费率研究以河北安国市为例 [J]. 中国农业大学学报，2007，12 (1): 90 – 94.

[119] 陈希孺，方兆本，李国英．非参数估计方法 [M]. 北京：科学出版

社，1989.

［120］邓国，王昂生，周玉淑等．中国粮食产量不同风险类型的地理分布［J］. Journal of Natural Resources，2002，17（2）：36－52.

［121］Sheather S J. Density Estimation［J］. Statistical Science，2004，19（4）：588－597.

［122］Yang J，Haigh M S，Leatham D J. Agricultural Liberalization Policy and Commodity Price Volatility：A Garch Application［J］. Applied Economics Letters，2001，8（9）：593－598.

［123］Ray D E，Richardson J W，De La Torre Ugarte D G，et al. Estimating Price Variability in Agriculture：Implications for Decision Makers［J］. Journal of Agricultural and Applied Economics，1998（30）：21－34.

［124］Manfredo M R，Leuthold R M. Market Risk and the Cattle Feeding Margin：An Application of Value－at－Risk［J］. Agribusiness，2001，17（3）：333－353.

［125］马正兵．我国粮食期货价格发现功能的交叉谱实证研究［J］. 统计与决策，2005（1）：64－66.

［126］王川．我国粮食期货市场与现货市场价格关系的研究［D］．中国农业科学院博士学位论文，2009.

［127］易蓉，张文，陈冲等．基于预期理论框架的农产品期货基差行为［J］. 系统工程理论与实践，2010（11）：1954－1959.

［128］徐炜，黄炎龙．GARCH 模型与 VaR 的度量研究［J］. 数量经济技术经济研究，2008（1）：120－132.

［129］卢峰，李远芳，刘鎏．国际商品价格波动与中国因素——我国开放经济成长面临新问题［J］. 金融研究，2009（10）：38－56.

［130］卢锋，彭凯翔．中国粮价与通货膨胀关系（1987～1999）［J］. 经济学，2002，1（4）：821－836.

［131］冯云．中国粮食价格波动的实证分析［J］. 价格月刊，2008（2）：41－44.

[132] 何蒲明，黎东升．基于粮食安全的粮食产量和价格波动实证研究［J］．农业技术经济，2009（2）：85－92.

[133] 石敏俊，王妍，朱杏珍．能源价格波动与粮食价格波动对城乡经济关系的影响——基于城乡投入产出模型［J］．中国农村经济，2009（5）：4－13.

[134] 罗万纯，刘锐．中国粮食价格波动分析：基于ARCH类模型［J］．中国农村经济，2010（4）：30－37.

[135] 罗锋，牛宝俊．我国粮食价格波动的主要影响因素与影响程度［J］．华南农业大学学报（社会科学版），2010，9（2）：51－58.

[136] 刘庆富，仲伟俊，华仁海等．EGARCH模型在计量中国期货市场风险价值中的应用［J］．管理工程学报，2007，21（1）：117－121.

[137] Artzner P，Delbaen F，Eber J M，et al. Coherent Measures of Risk［J］. Mathematical Finance，1999，9（3）：203－228.

[138] Bollerslev T，Chou R Y，Kroner K F. ARCH Modeling in Finance 1：A Review of the Theory and Empirical Evidence［J］. Journal of Econometrics，1992，52（1－2）：5－59.

[139] 张世英，柯珂．ARCH模型体系［J］．系统工程学报，2002，17（3）：236－245.

[140] 沈虹，何建敏，胡小平等．多尺度GARCH模型研究货币增长对期货价格波动的影响［J］．管理学报，2010（2）：263－267.

[141] Bollerslev T. A Conditionally Heteroskedastic Time Series Model for Speculative Prices and Rates of Return［J］. The Review of Economics and Statistics，1987：542－547.

[142] Nelson D B. Stationarity and Persistence in the Garch（1，1）Model［J］. Econometric Theory，1990，6（3）：318－334.

[143] 龚锐，陈仲常，杨栋锐．GARCH族模型计算中国股市在险价值风险的比较研究与评述［J］．数量经济技术经济研究，2005（7）：67－81.

[144] Mills T C，Markellos R N. The Econometric Modelling of Financial Time Series［M］. Cambridge：Cambridge Univ Pr，2008.

［145］周建涛，于然．我国农业保险应以经济作物收入保险为切入点［J］．农业经济，2005（1）：56－57.

［146］Johnson M E，Tenenbein A. A Bivariate Distribution Family with Specified Marginals［J］. Journal of the American Statistical Association，1981，76（373）：198－201.

［147］孙良媛．论市场经济条件下的农业风险［J］．广东社会科学，2001（3）：32－37.

［148］张峭，王川，王克．我国畜产品市场价格风险度量与分析［J］．经济问题，2010（3）：90－94.

［149］刘岩，于左．美国利用期货市场进行农产品价格风险管理的经验及借鉴［J］．中国农村经济，2008（5）：65－72.

［150］刘晶，葛颜祥，王爱丽．我国农产品价格风险及其防范研究［J］．农业现代化研究，2004，25（6）：438－441.

［151］高涛，李锁平，邢鹂．政策性农业保险巨灾风险分担机制模拟——以北京市政策性农业保险为例［J］．中国农村经济，2009（3）：28－37.

［152］栾立明，郭庆海．中国大豆产业国际竞争力现状与提升途径［J］．农业经济问题，2010（2）：99－103.

［153］马九杰，崔卫杰，朱信凯．农业自然灾害风险对粮食综合生产能力的影响分析［J］．农业经济问题，2005（4）：14－17.

［154］韦艳华，张世英，孟利锋．Copula 理论在金融上的应用［J］．Journal of Northwest Sci－tech University of Agriculture and Forestry（Social Science Edition），2003，3（5）：36－51.

［155］Nelsen R. An Introduction to Copulas［M］. New York：Springer Verlag，2006.

［156］Di Rienzo C. An Exploration of the Spatial Dependence Structure of Crop Yields and the Implications for Crop Insurance［J］. Agricultural Economics，2002，9（2）：26－61.

［157］Pravin K. Copula Modeling：An Introduction for Practitioners［M］.

Washington：Springer Verlag，2006.

［158］张世英，樊智．协整理论与波动模型——金融时间序列分析及应用［M］．北京：清华大学出版社，2004.

［159］Frees E W，Valdez E A. Understanding Relationships Using Copulas［J］. North American Actuarial Journal，1998（2）：1－25.

［160］Cherubini U，Luciano E，Vecchiato W. Copula Methods in Finance［M］．New York：John Wiley and Sons Chichester，2004.

［161］Yan J. Enjoy the Joy of Copulas［M］. Iowa：University of Iowa，2006.

［162］Joe H，Xu J. The Estimation Method of Inference Functions for Margins for Multivariate Models［J］. Journal of Economitrics，1996，9（18）：140－166.

［163］Decancq K，Economics Uoycfh. Copula－based Measurement of Dependence between Dimensions of Well－being［D］：Doctor's Thesis. New York：University of York，2009.

［164］Goodwin B K，Ker A P. Modeling Price and Yield risk. A Comprehensive Assessment of the Role of Risk in US Agriculture［M］. New York：Kluwer Academic Publishers，2002.

［165］于波，陈希镇，华栋．基于蒙特卡罗法的国内股票市场的 Copula 分析［J］．科学技术与工程，2008，8（5）：16－28.

［166］战雪丽，张世英．基于 Copula－SV 模型的金融投资组合风险分析［J］．系统工程理论与实践，2007，16（3）：19－26.

［167］Goodwin B，Ker A. Nonparametric Estimation of Crop Yield Distributions：Implications for Rating Group－risk Crop Insurance Contracts［J］. American Journal of Agricultural Economics，1998，80（1）：139－151.

［168］尹成杰．关于推进农业保险创新发展的理性思考［J］．农业经济问题，2015（6）：4－8.

［169］周县华，范庆泉，周明等．中国和美国种植业保险产品的比较［J］．保险研究，2012（7）：50－59.

［170］USDA. Agricultural Act of 2014［EB/OL］. http：//www. gpo. gov/fdsys/

pkg/BILLS – 113hr2642enr/pdf/BILLS – 113hr2642enr. pdf.

[171] Matthew Mitchell. Ending Farm Subsidies: Unplowed Common Ground [J]. Mercatus on Policy, 2014 (1): 1 – 4.

[172] Vincent H Smith. The 2013 Farm Bill: Limiting Waste by Limiting Farm – Subsidy Budgets [J]. Mercatus Research, 2013 (6): 13 – 17.

[173] Dennis A Shields. Federal Crop Insurance: Background. Congressional Research Service [EB/OL]. http://nationalaglawcenter. org/wp – content/uploads/assets/crs/R40 532.

[174] Kishor P Luitel. Understanding Cotton Producer's Crop Insurance Choice under the 2014 Farm Bill [R].

[175] Kelth H Coble, G A Barnaby, Rodney Jones. Crop Insurance in the Agricultural Act of 2014 [EB/OL]. http://www. choicesmagazine. org/magazine/pdf/cmsarticle_ 371. pdf.

[176] 冯海发. 农业补贴制度改革的思路和措施 [J]. 农业经济问题, 2015 (3): 8 – 10.

[177] Ford Ramsey, Barry Goodwin. Rating Exotic Price Coverage in Crop Revenue Insurance [C]. Agricultural and Applied Economics Association & Western Agricultural Economics Association, 2015.

[178] Barry K Goodwin, Ashley Hungerford. Copula – based Models of Systemic Risk in US Agriculture: Implications for Crop Insurance and Reinsurance Contracts [J]. American Journal of Agricultural Economics, 2015, 97 (3): 879 – 896.

[179] Barry K Goodwin, Matthew C Roberts, Keith H Coble. Measurement of Price Risk in Revenue Insurance: Implications of Distributional Assumptions [J]. Journal of Agricultural and Resource Economics, 2000: 195 – 214.

[180] 张雯丽, 龙文军. 蔬菜价格保险和生产保险的探索与思考 [J]. 农业经济问题, 2014 (1): 66 – 71.

[181] 王克, 张峭, 肖宇谷等. 农产品价格指数保险的可行性 [J]. 保险研究, 2014 (1): 40 – 45.

［182］谢凤杰，王尔大，朱阳．基于 Copula 方法的作物收入保险定价研究——以安徽省阜阳市为例［J］．农业技术经济，2011（4）：41－49.

［183］马述忠，汪金剑，邵宪宝．我国战略性农产品期货市场价格发现功能及效率研究——以大豆为例［J］．农业经济问题，2011（10）：20－28.

［184］王时芬，汪喆．我国大豆期货价格与现货价格双向引导机制的研究［J］．价格理论与实践，2016（1）：136－139.

［185］R B Nelsen. An Introduction to Copulas［M］. Springer Verlag，2006.

［186］Abe Sklar. Random Variables，Distribution Functions，and Copulas：A Personal Look Backward and Forward［J］. Lecture Notes－monograph Series，1996：1－14.

［187］U Cherubini，E Luciano，W Vecchiato. Copula Methods in Finance［M］. John Wiley & Sons Chichester，2004.

［188］H Joe，J J Xu. The Estimation Method of Inference Functions for Margins for Multivariate Models［J］. Department of Statistics，University of British Colombia，Technical Report，1996，166.

［189］Richard H Day. Probability Distributions of Field Crop Yields［J］. Journal of Farm Economics，1965，47（3）：713－741.

［190］Paul Gallagher. US Soybean Yields：Estimation and Forecasting with Non-symmetric Disturbances［J］. American Journal of Agricultural Economics，1987，69（4）：796－803.

［191］Barry K Goodwin，Alan P Ker. Nonparametric Estimation of Crop Yield Distributions：Implications for Rating Group－risk Crop Insurance Contracts［J］. American Journal of Agricultural Economics，1998，80（1）：139－153.

［192］杨汭华，马洁．基于 Morlet 小波分析的农作物巨灾保险准备金规模估算［J］．统计与决策，2015（9）：74－77.

［193］吕晓英，蒲应龚，李先德．中国农业保险“政府兜底”和“融资预案”大灾风险分散方式的模拟和比较［J］．中国软科学，2016（4）：22－33.

［194］程国强．我国粮价改革的逻辑与思路［J］．农业经济问题，2016

(2)：4 -9.

[195] 黄季焜，王丹，胡继亮．对实施农产品目标价格政策的思考——基于新疆棉花目标价格改革试点的分析 [J]. 中国农村经济，2015 (5)：10 -18.

[196] 张峭，汪必旺，王克．我国生猪价格保险可行性分析与方案设计要点 [J]. 保险研究，2015 (1)：54 -61.

[197] 鞠光伟，王慧敏，陈艳丽等．我国生猪目标价格保险实践的效果评价及可行性研究——以北京、四川、山东为例 [J]. 农业技术经济，2016 (5)：102 -109.

[198] 冯海发．农业补贴制度改革的思路和措施 [J]. 农业经济问题，2015 (3)：2 -9.

[199] 詹琳，蒋和平．粮食目标价格制度改革的困局与突破 [J]. 农业经济问题，2015 (2)：14 -20.

[200] Gale H F. Growth and Evolution in China's Agricultural Support Policies [J]. Usda - Ers Economic Research Report，2013 (153)：23 -43.

[201] 朱满德，程国强．中国农业政策：支持水平、补贴效应与结构特征 [J]. 管理世界，2011 (7)：52 -60.

[202] 谭砚文，曾华盛．美国农业目标价格补贴政策的演变及对中国的启示 [J]. 农村经济，2015 (9)：125 -129.

[203] 彭超．美国农业目标价格补贴：操作方式及其对中国的借鉴 [J]. 世界农业，2013 (11)：68 -73.

[204] Peng C. U. S. Agricultural Target Price Subsidy：Operation and Implication for China [J]. World Agriculture，2013 (11)：68 -73.

[205] 吕建兴，曾寅初．我国大宗农产品进口价差变动与调控空间 [J]. 农业现代化研究，2015 (4)：12 -23.

[206] 赵丽佳．油料保护价收购政策的经济学分析 [J]. 农村经济，2012 (6)：8 -13.

[207] 李登旺，仇焕广，吕亚荣等．欧美农业补贴政策改革的新动态及其对我国的启示 [J]. 中国软科学，2015 (8)：12 -21.

［208］朱满德，程国强．中国农业的黄箱政策支持水平评估：源于 WTO 规则一致性［J］．改革，2015（5）：58－66.

［209］胡冰川．中国农产品市场分析与政策评价［J］．中国农村经济，2015（4）：3－12.

［210］Goodloe C，Glauber J，Crop Insurance and the WTO［C］. Annual Meeting of the International Agricultural Trade Research Consortium，San Diego，CA，2012.

［211］李福忠，张彪，王玉梅．水稻目标价格保险试点效果分析［J］．上海保险，2015（7）：51－53.

［212］M B Diaz－Caneja，C G Conte，F J Gallego Pinilla. Risk Management and Agricultural Insurance Schemes in Europe［M］. European Commission：Joint Research Centre Reference Report，2009.

［213］叶兴庆．"十三五"时期农产品价格支持政策改革的总体思路与建议［J］．中国粮食经济，2016（1）：16－22.

［214］齐皓天，徐雪高，王兴华．美国农产品目标价格补贴政策演化路径分析［J］．中国农村经济，2016（10）：82－93.

［215］庹国柱，王克，张峭等．中国农业保险大灾分散制度及大灾风险基金规模研究［J］．保险研究，2013（6）：3－15.